KB095153

건설업
실질자본
진단실무

건설업 실질자본 진단실무

초판 1쇄 발행 2023년 2월 23일

지은이 이진원
펴낸이 이기봉
편집 좋은땅 편집팀
펴낸곳 도서출판 좋은땅
주소 서울특별시 마포구 양화로12길 26 지월드빌딩 (서교동 395-7)
전화 02)374-8616~7
팩스 02)374-8614
이메일 gworldbook@naver.com
홈페이지 www.g-world.co.kr

ISBN 979-11-388-1652-6 (13320)

건설업 실질자본 진단실무

이진원 지음

좋은땅

머리말

이 책은 건설업체 기업진단지침의 실질자본 기업진단 내용을 알기 쉽게 요약 정리한 책입니다.

건설업체 기업진단지침 내용을 바탕으로 국토교통부의 질의·회신 내용을 최대한 반영하여 실무에서 활용할 수 있도록 일부 사례를 포함하여 서술하였으며 기업진단지침, 실태조사 관리규정 등을 부록으로 첨부하였습니다.

건설업체는 조달청 입찰과 관련된 경영상태 평균비율, 여신한도 및 이자율과 관련된 신용평가등급, 등록면허 유지를 위한 실질자본 관리 등 다른 업종에 비해 관리할 사항이 많습니다.

최근 들어 건설업체 등록기준 중 실질자본 미달로 영업정지 행정처분을 받는 경우가 늘어나는 추세입니다. 특히 경영환경이 어려울 때일수록 영업실적 악화와 부실자산 증가 등으로 실질자본 관리가 어려워지므로 이에 대한 관리 및 철저한 대비가 필요합니다. 이 책이 실질자본 관리에 도움이 되기를 기대합니다.

본문 마지막에 전기공사업, 정보통신공사업, 소방시설공사업, 의약품 도매상의 실질자본 기업진단 평정기준의 요약 정리 및 기업진단지침을 부록으로 첨부하였습니다. 건설업 외 4개 업종의 실질자본 관리 및 평가에 활용할 수 있도록 최대한 노력하였습니다.

아무쪼록 이 책을 읽는 독자에게 도움이 되었으면 좋겠습니다.

목차

머리말 … 4

제1장 **자본금 관리의 중요성** … 11

제2장 **건설업과 겸업사업 정의** … 15

1. 건설업의 정의 … 16
2. 겸업사업의 정의 … 18
3. 진단대상 업종과 기준자본금 … 18

제3장 **진단 기초 개념** … 23

1. 기업진단지침 용어 … 24
2. 진단대상 재무제표 … 25
3. 진단기준일 … 27
4. 진단가능일 … 29
5. 진단자 … 31

제4장 **실질자본** ··· 33

1. 실질자본 개념 ··· 34
2. 실질자본 계산과 충족기준 ··· 36
3. 진단평가서 작성 방법 ··· 37
4. 실질자본 심사 예시 ··· 42

제5장 **자산의 평가** ··· 45

1. 현금 ··· 48
2. 예금 ··· 50
3. 매출채권 ··· 56
4. 재고자산 ··· 62
5. 유가증권 ··· 67
6. 대여금 ··· 71
7. 선급금 ··· 74
8. 보증금 ··· 78
9. 유형자산 ··· 81
10. 무형자산 ··· 86
11. 기타 자산 ··· 89
12. 자산 계정과목 요약 ··· 93

제6장 **부채의 평가** ··· 95

1. 차입금 ··· 98
2. 충당부채 ··· 100
3. 이연법인세부채 ··· 103
4. 기타 부채 ··· 104
5. 부채 계정과목 요약 ··· 105

제7장 **자본의 평가** ··· 107

제8장 **겸업자본의 평가** ··· 111

1. 겸업자본 ··· 112
2. 겸업자본 심사 예시 ··· 116
3. 겸업사업자가 건설업 신규등록 신청 시 실질자본 평가 ··· 118
4. 무면허 건설사업자가 신규등록 신청 시 자산 부채평가 ··· 121

제9장 **자본금 중복 인정 특례** … 123

제10장 **타 업종 평정기준 정리** … 127

부록

■ 건설업 재무관리상태 진단보고서 … 134
■ 건설업 진단평가서 … 135
■ 건설업 실태조사 관리규정[시행 2020.4.20.] … 139
■ 건설업체 기업진단지침[시행 2020.7.1.] … 144
■ 전기공사업 기업진단보고서 … 161
■ 전기공사업운영요령[시행 2018.12.13.] … 163
■ 정보통신공사업 기업진단보고서 … 180
■ 정보통신공사업 기업진단요강[시행 2018.3.13.] … 185
■ 소방시설공사업 기업진단보고서 … 194
■ 소방시설공사업 기업진단 요령[시행 2019.12.3.] … 196
■ 의약품도매상 기업진단보고서 … 204
■ 의약품도매상 기업진단 요령[시행 2019.12.18.] … 207

제 1 장

자본금 관리의 중요성

건설업체 면허 등록기준[1] 충족요건의 하나인 실질자본은 매년 영업실적에 많은 영향을 받으므로 기술능력, 시설 및 장비 등의 기준에 비해 관리하기가 쉽지 않아 사전에 관리 및 대비가 필요합니다.

국토교통부는 부실업체 조기경보시스템[2]으로 확인된 등록기준 의심업체의 정기[3] 및 특별 실태조사를 통하여 등록기준 미달 업체에 대하여는 행정처분을 강화하고 있습니다.

또한 시설·장비, 기술인 보유현황 등에 대한 현장 단속을 시행해 기준에 미달하거나 허위로 등록한 이른바 부적격 건설사업자(페이퍼컴퍼니) 확인도 강화하고 있습니다.

---

1) 건설업체 면허 등록기준은 ① 기술능력, ② 자본금(개인은 영업용자산 평가액), ③ 시설 및 장비, ④ 그 밖의 필요한 사항(보증가능금액확인서)임. 건설산업기본법 제10조, 동법 시행령 제13조 및 [별표 2] 참조.

2) 건설산업지식정보시스템(www.kiscon.net)으로 건설업체 재무정보, 기술인, 보증 등의 정보를 분석하여 건설업 등록기준을 상시 점검하고 부실 불법 불공정행위를 상시 적발하는 시스템.

3) 실태조사는 대상업체 선정 → 지자체 통보 → 서면심사 → 청문 → 행정처분 순으로 진행. 서면심사 단계에서 기준자본금 미달 시에 기업진단을 통해 적극 소명해야 함. 기업진단 절차는 기업진단신청서 접수 → 자료요청 → 기업진단 실시 → 보고서 작성 → 감리 → 진단보고서 교부 → 등록관청 제출 순임.

특히 경영환경이 어려울 때일수록 영업실적 악화나 부실자산 증가로 실질자본이 면허 등록기준에 미달하는 경우가 많이 발생합니다.

또 겸업자산이 증가하거나 가지급금, 대여금 등으로 자산이 유출되는 경우에도 실질자본이 미달되는 경우가 발생할 수 있으므로 영업정지[4] 등의 행정처분을 받지 않도록 실질자본 관리에 주의를 기울여야 합니다.

건설업체는 건설산업기본법 시행령에서 규정한 면허 등록 기준자본금인 납입자본금 뿐만 아니라 건설업체 기업진단지침에서 규정한 실질자본 모두가 등록 기준자본금 이상을 충족해야 건설업 면허를 유지할 수 있습니다. 건설업 실질자본은 제4장에 설명하였습니다.

4) 건설산업기본법 제10조(등록기준) 제82조(영업정지등), 동법 시행령 [별표 6] 등록기준에 미달한 경우 영업정지 기간을 6개월로 규정(신규계약 제한)하고 있음, 단, 일정요건 충족하면 영업정지기간 경감가능. 영업정지 종료일까지 등록기준 미달사항을 보완하여 종료일로부터 30일 이내 보완사항 제출하지 않으면 등록 말소됨에 유의.

제 2 장

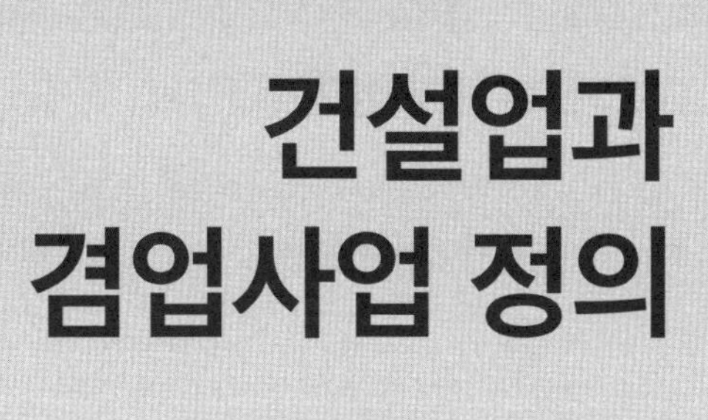

건설업과 겸업사업 정의

1. 건설업의 정의

건설산업기본법에서 건설업[5]은 건설공사를 하는 업을 말하며, 건설산업은 건설업과 건설용역업[6]을 말합니다.

건설공사란 토목공사, 건축공사, 산업설비공사, 조경공사, 환경시설공사, 그 밖에 명칭과 관계없이 시설물을 설치, 유지, 보수하는 공사(시설물을 설치하기 위한 부지조성공사 포함) 및 기계설비나 그 밖의 구조물의 설치 및 해체 공사를 말합니다.

건설공사에 포함된 단순한 재료의 공급업무, 기계기구의 공급업무, 단순한 노무제공은 건설공사에 포함되지 않습니다.[7] 다만 시공계약과 건설공사용 재료의 납품계약을 같은 건설업자에게 하는 경우는 전체를 건설공사로 봅니다.

---

5) 건설산업기본법 제2조.

6) 건설용역업은 건설공사에 관한 조사, 설계, 감리, 사업관리, 유지관리 등 건설공사와 관련된 용역을 하는 업을 말함.

7) 건설산업기본법 시행령 [별표 1], 비고 1.

건설업은 종합공사를 시공하는 종합건설업과 전문공사를 시공하는 전문건설업으로 분류합니다.[8] 종합공사는 종합적인 계획, 관리 및 조정을 하면서 시설물을 시공하는 건설공사를 말하며, 전문공사는 시설물의 일부 또는 전문 분야에 관한 건설공사를 말합니다.

다른 법률에서 규정하고 있는 전기공사업, 정보통신공사업, 소방시설공사업, 문화재 수리공사는 건설공사에 포함되지 않습니다.

[건설업 주요 용어 정리]

① 도급이란 명칭(원도급, 하도급, 위탁)의 여하에 불문하고 건설공사를 완성할 것과 상대방이 그 공사의 결과에 대하여 대가를 지급할 것을 약정하는 계약임
② 하도급이란 도급받은 건설공사의 전부 또는 일부를 다시 도급하기 위하여 수급인이 제3자와 체결하는 계약임
③ 발주자는 건설공사를 건설업자에게 도급하는 자(다만 수급인으로서 하도급하는 자는 제외)임
④ 수급인은 발주자로부터 건설공사를 도급받거나 하도급 하는 자(하도급의 경우 하도급하는 건설업자 포함)임
⑤ 하수급인은 수급인으로부터 건설공사를 하도급 받는 자를 말함
⑥ 건설기술인이란 관련 법령에 따라 건설공사에 관한 기술이나 기능을 가졌다고 인정된 사람을 말함

---

8) 건설업 등록기준은 건설산업기본법 시행령 [별표 2], 건설업관리규정. 건설업의 등록기준 심사 및 실태조사는 종합건설업은 위탁받은 대한건설협회가 심사업무 수행하고 주된 영업소를 관할하는 시·도지사가 등록업무 처리. 전문건설업은 주된 영업소를 관할하는 시·도지사 또는 시장, 군수, 구청장이 등록업무 심사 및 등록업무 처리.

2. 겸업사업의 정의

겸업사업은 건설산업기본법에서 정한 건설업을 제외한 다른 업종을 말합니다. 즉 전기공사업, 정보통신공사업, 소방시설공사업 등 다른 법률에서 등록 기준자본금을 정하고 있는 업종뿐만 아니라 제조업, 도매업 등 건설업 이외의 모든 사업을 포함합니다.

그리고 동일 업종 내에서는 겸업사업에 해당되지 않는다는 점을 유의해야 합니다. 예를 들어 종합건설업인 토목공사업을 영위하는 업체가 전문건설업인 지반조성포장공사업을 추가 등록하는 경우에는 겸업으로 보지 않습니다.

3. 진단대상 업종과 기준자본금

건설업의 업종별 면허 등록 기준자본금은 건설산업기본법 시행령[9]에서 규정하고 있으며, 등록 기준자본금은 납입자본금을 의미합니다. 건설업의 기업진단 대상은 건설산업기본법상 종합건설업과 전문건설업만 해당됩니다.

---

9) 건설업 등록기준은 건설산업기본법 제10조(건설업의 등록기준), 건설산업기본법 시행령 제13조(건설업의 등록기준), 제16조(건설업등록기준의 특례), 동법 시행령 [별표 2]〈개정 2022. 2. 17.〉(유효기간 2023년 12월 31일).

종합건설업

업종	자본금 (개인은 자산평가액)		관련 규정
토목공사업	법인	5억원 이상	건설산업기본법 제49조, 건설산업기본법 시행령 제13조, 제45조, [별표 2] 건설업실태조사 관리규정, 건설업체 기업진단지침[시행 2020.7.1.]
	개인	10억원 이상	
건축공사업	법인	3억5천만원 이상	
	개인	7억원 이상	
토목건축공사업	법인	8억5천만원 이상	
	개인	17억원 이상	
산업·환경설비공사업	법인	8억5천만원 이상	
	개인	17억원 이상	
조경공사업	법인	5억원 이상	
	개인	10억원 이상	

전문건설업

업종	자본금 (개인은 자산평가액)		관련 규정
지반조성·포장 공사업	법인 및 개인	1억5천만원 이상	건설산업기본법 제49조, 건설산업기본법 시행령 제13조, 제45조, [별표 2] 건설업실태조사 관리규정, 건설업체 기업진단지침[시행 2020.7.1.]
실내건축공사업	법인 및 개인	1억5천만원 이상	
금속창호·지붕 건축물조립공사업	법인 및 개인	1억5천만원 이상	
도장·습식·방수·석공사업	법인 및 개인	1억5천만원 이상	
조경식재·시설물 공사업	법인 및 개인	1억5천만원 이상	
철근·콘크리트 공사업	법인 및 개인	1억5천만원 이상	
구조물해체·비계 공사업	법인 및 개인	1억5천만원 이상	

상·하수도설비 공사업	법인 및 개인	1억5천만원 이상	
철도·궤도 공사업	법인	1억5천만원 이상	
	개인	3억원 이상	
철강구조물 공사업	법인	1억5천만원 이상	
	개인	3억원 이상	
수중·준설공사업	법인 및 개인	1억5천만원 이상	
승강기·삭도 공사업	법인 및 개인	1억5천만원 이상	
기계가스설비 공사업	법인 및 개인	1억5천만원 이상	
가스난방공사업	법인 및 개인	없음	
시설물유지관리업	법인 및 개인	2억원 이상	2023년 12월 31일까지 종합건설업 또는 전문건설업으로 전환 유예

기타 업종

업종		자본금 (개인은 자산평가액)		관련 규정
전기공사업		법인 및 개인	1억5천만원 이상	전기공사업법 시행령 [별표 3], [진단규정]전기공사업운영요령
정보통신공사업		법인 및 개인	1억5천만원 이상	정보통신공사업법 시행령[별표 3], [진단규정]정보통신공사업 기업진단요강
소방시설 공사업	전문	법인 및 개인	1억원 이상	소방시설공사업법 시행령[별표 1], [진단규정]소방시설공사업 기업진단요령
	일반			
의약품 도매상	의약품 도매상	법인 및 개인	5억원 이상	약사법 시행규칙 제38조, [진단규정]의약품도매상 기업진단요령
	한약의약품	법인 및 개인	2억원 이상	

	안전상비 의약품	법인 및 개인	2억원 이상	
	수입의약품	법인 및 개인	2억원 이상	
	시약	법인 및 개인	2억원 이상	
	원료의약품	법인 및 개인	2억원 이상	
	보건복지부 장관 고시 일부 의약품	법인 및 개인	2억원 이상	
문화재 수리업	보수단청업	법인 및 개인	2억원 이상	문화재수리등에관한법률시행령 [별표 7], [진단규정]문화재수리업등에 관한 관리지침
	조경업	법인 및 개인	5천만원 이상	
	식물보호업	법인 및 개인		
	목공사업	법인 및 개인		
	번와공사업	법인 및 개인		
	온돌공사업	법인 및 개인		
	보존과학업	법인 및 개인		
	단청공사업	법인 및 개인		
	석공사업	법인 및 개인		
	미장공사업	법인 및 개인		
	문화재감리업	법인 및 개인		
	문화재실측 설계업	법인 및 개인	없음	
산림사업 법인 (산림보호 포함)	산림경영계획 및산림조사	법인	1억원 이상	산림자원의 조성 및 관리에 관한 법률 시행령 [별표 1], [진단규정]산림사업법인관리지침
	산림토목	법인	3억원 이상	
	자연휴양림 · 산촌생태마을 조성	법인	3억원 이상	
	숲길조성관리	법인	3억원 이상	
	숲가꾸기및 병충해 방제	법인	1억원 이상	

	도시림 등 조성	법인	1억원 이상	
	나무병원 (1종, 2종)	법인	1억원 이상	
국방부 적격심사, 국방부 기술용역 적격 심사		법인 및 개인	없음	국방부, 기술용역적격심사기준에 관한훈령 제2384호(2020.1.10.), [진단규정]외부감사 비대상 업체의재무상태진단요령(훈령 제2384호, 2022.7.7.)

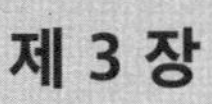

제 3 장

진단 기초 개념

1. 기업진단지침 용어

건설업체 기업진단지침[10]에서 사용하는 용어는 다음과 같이 정의하고 있습니다.

① 실질자산이란 회사제시자산에서 이 지침에 따른 수정사항과 부실자산을 반영한 후의 금액을 말한다.

② 실질부채란 회사제시부채에서 이 지침에 따른 수정사항을 반영한 후의 금액을 말한다.

③ 겸업사업이란 재무관리상태의 진단대상이 되는 사업 이외의 사업을 말한다. 이 경우 법인등기사항 등 형식적인 사업목적에 불구하고 그 실질적 사업내용에 따라 적용한다.

④ 겸업자산이란 이 지침에서 겸업자산으로 열거한 자산과 겸업사업을 위하여 제공된 자산을 말한다.

⑤ 겸업부채란 겸업자산과 직접 관련된 부채와 겸업사업에 제공된 부채를 말한다.

---

10) 건설업체 기업진단지침 제3조.

⑥ 겸업자본이란 겸업자산에서 겸업부채를 차감한 금액을 말한다.

⑦ 진단대상사업 실질자산이란 실질자산에서 겸업자산을 차감한 금액을 말한다.

⑧ 진단대상사업 실질부채란 실질부채에서 겸업부채를 차감한 금액을 말한다.

⑨ 진단대상사업 실질자본이란 진단대상사업의 실질자산에서 진단대상사업의 실질부채를 차감한 금액으로서 진단대상이 되는 사업의 실질자본을 말한다.

2. 진단대상 재무제표

진단대상 재무제표는 진단기준일이 정기 연차결산일[11]인 경우와 그렇지 않은 경우로 구분됩니다. 진단기준일이 정기 연차결산일인 경우에 진단대상 재무제표는 국세청에 신고한 정기 연차결산 재무제표이며, 외부감사대상[12] 법인은 감사보고서에 첨부된 재무제표입니다.

---

11) 연차결산일은 회계기간 종료일로 지침에서 재무상태표일로도 표현함. 연말결산 하기 전에 가결산을 통해 실질자본이 충족되는지 검토 및 내비가 필요함.

12) 주권상장법인(유가증권시장, 코스닥시장, 코넥스시장), 해당 사업연도 또는 다음 사업연도 중 주권상장예정법인, 직전 사업연도 말 자산총액이 500억원 이상인 회사, 직전 사업연도 말 매출액이 500억원 이상인 회사, 다음 각 목의 사항 중 2개 이상에 해당하는 주식회사(유한회사는 사원 수 50인 이상 요건 포함하여 3가지 이상). ① 직전 사업연도 말 자산총액이 120억원 이상, ② 직전 사업연도 말 부채총액이 70억원 이상, ③ 직전 사업연도 매출액이 100억원 이상, ④ 직전 사업연도 말 종업원이 100명 이상.

그 외 법인으로서 재무제표를 한국채택국제회계기준에 따라 작성한 법인은 재무제표 대신에 감사보고서에 첨부된 재무제표로 평정합니다. 그러므로 임의로 업체에서 수정한 재무제표와 수정신고 재무제표는 인정되지 않습니다.

진단기준일이 정기 연차결산일이 아니고 회계기간 중이라면 가결산 재무제표로 진단합니다. 가결산 재무제표는 기업회계기준에 따라 공인회계사, 세무사가 작성한 재무제표를 말합니다.

진단대상 재무제표 요약

<table>
<tr><th>진단기준일</th><th colspan="2">진단대상 재무제표</th></tr>
<tr><td rowspan="3">정기연차
결산일</td><td>외부감사대상법인</td><td>감사보고서</td></tr>
<tr><td>한국채택국제회계기준에 따라
재무제표 작성한 법인</td><td>감사보고서</td></tr>
<tr><td>기타</td><td>국세청 신고한
정기 연차결산재무제표
(표준재무제표)</td></tr>
<tr><td>기중</td><td colspan="2">가결산 재무제표
(공인회계사, 세무사 확인분)</td></tr>
</table>

* 진단대상 재무제표가 감사보고서인 경우 감사보고서에 첨부된 재무제표를 말함
* 감사보고서 의견이 의견거절이나 부적정 의견인 재무제표에 대한 진단보고서가 제출된 경우, 외부감사대상에 해당하나 외부감사를 받지 아니한 재무제표에 대한 진단보고서가 제출된 경우 등은 기업진단감리위원회에 감리를 받아야 함(지침 제11조)
* 주식회사의 외부감사에관한법률 제2조에 따라 외부감사를 받은 법인과 한국채택국제회계기준에 따라 재무제표를 작성한 법인은 감사보고서(지침 제6조)
* 진단기준일이 기중인 경우는 기존 법인의 신규 또는 추가 등록 등의 경우임

3. 진단기준일

진단대상 기업의 재무관리 상태를 심사하는 기준일을 진단기준일이라고 하며 신설법인 및 기존 기업(신규/추가)의 등록신청, 합병·분할, 자본금 변경, 행정관청의 실태조사 등의 심사목적에 따라 다르게 적용하고 있습니다.

신설법인의 진단기준일은 법인등기부등본상의 설립등기일입니다. 설립등기일로부터 건설업 등록신청 접수일까지 90일이 경과하지 않고 영업실적 즉 매출액이 없어야 합니다. 그러므로 설립등기일로부터 90일 내 영업실적이 있거나 또는 90일이 경과한 법인은 영업실적 유무와 관계없이 기존 법인의 진단기준일을 적용하여야 하며 진단기준일은 등록신청일이 속하는 달의 직전월 말일입니다.

개인기업은 별도 규정이 없으므로 지침 제5조에 따라 개인사업자도 동일하게 적용하여야 합니다. 신규설립 개인사업자의 진단기준일은 사업자 등록일 또는 사업개시일로 실제로 사업을 영위한 날로부터 건설업 등록신청 접수일까지 90일이 경과하지 않고 영업실적 즉 매출액이 없어야 합니다. 영업실적이 있거나 90일을 경과한 경우는 기존 기업의 진단기준일을 적용하여야 합니다.

주의할 점은 진단기준일이 자본금 변경등기일인 경우는 ① 업종별 등록 기준자본금이 강화된 경우, ② 신설법인이 기준자본금에 미달되어 추가로 증자하는 경우에만 해당되므로 기존 기업이 기중에 증자하는 경우의 진단기준일은 등록신청일이 속하는 달의 직전월 말일입니다.

행정관청의 실태조사 기준일은 행정관청이 지정하는 날[13]로 법인은 정관에서 정한 회계기간의 말일인 연차결산일이며 개인은 12월 31일을 말합니다. 건설업 외 4개 업종의 진단기준일은 다음과 같습니다.

업종별 진단기준일 요약

구분			진단기준일
건설업	신설	법인	설립등기일 (설립등기일로부터 등록신청 접수일까지 90일이 경과하지 않고 영업실적이 없어야 함)
		개인	사업자등록일 또는 사업개시일 중 실제로 사업을 영위한 날 (등록일 또는 개시일로부터 등록신청 접수일까지 90일이 경과하지 않고 영업실적이 없어야 함)
	기존 (신규/추가)	법인/개인	등록신청일이 속하는 달의 직전월 말일 (2018년 2월 4일 주기적 신고 폐지)
건설업 전기공사업 정보통신공사업 소방시설공사업 의약품도매상	양도/양수		양도양수계약일(개인기업 법인전환 포함) * 의약품도매상은 계약서상의 양도양수일
	분할/합병/분할합병		분할/합병/분할합병 등기일
	자본금 변경		자본금 변경등기일 (기존 : 업종별 등록기준 자본금이 강화된 경우, 신설 : 기준자본금이 미달되어 추가로 증자하는 경우에 한함)
	영업정지처분		영업정지기간 종료일
	행정관청 실태조사		지정일

13) 조사일 직전연도의 정기 연차결산일임(건설업 실태조사 관리규정). 회계연도의 변경이 있는 경우는 법인세법에서 정하는 규정에 따름.

전기공사업	주기적 신고	전기공사업을 등록한 날로부터 3년이 되는 날이 속하는 월의 직전월 말일
	신설	규정 없음
	신규(추가)	등록신청일 전일부터 역산하여 30일 이내의 기간
정보통신공사업	주기적 신고	규정 없음
	신설	규정 없음
	신규(추가)	등록신청일 전일부터 역산하여 45일 이내의 기간
소방시설공사업	주기적 신고	규정 없음
	신설	설립등기일(설립등기일로부터 등록신청 접수일까지 90일이 경과하지 않고 영업실적이 없어야 함)
	신규(추가)	등록신청일 전일부터 역산하여 90일 이내의 기간
의약품도매상	주기적 신고	규정 없음
	신설	규정 없음
	신규(추가)	등록신청일 전일부터 역산하여 30일 이내의 기간

* 신설 : 신규 설립, 신규(추가) : 신규 신청
* 전기공사업, 정보통신공사업, 소방시설공사업, 의약품도매상의 주요 평정기준은 제10장 참조
* 기준자본금은 제2장 업종별 기준자본금 참조

4. 진단가능일

진단일은 진단자가 실제 진단을 수행하는 날[14]을 말합니다. 신설법인을 제외한 모든 법인의 진단가능일은 진단기준일 이후에 기업진단이 가능합니다.

14) 진단보고서 작성일을 말함.

신설법인은 법인설립 등기일 이후 20일 이내의 날을 진단일로 하여 기업 진단하는 경우에는 진단불능[15]으로 규정하고 있습니다.

그리고 신설법인의 예금평잔기간이 진단기준일부터 진단일 전일까지로 규정하고 있으므로 기업진단은 설립등기일로부터 20일이 경과한 후에 가능합니다. 즉 21일이 되는 날부터 진단이 가능합니다.

주의할 점은 신설법인이 등록 기준자본금 미달로 추가 증자하는 경우의 진단기준일은 자본금 변경등기일이므로 자본금 변경등기일 이후 20일 이내의 날을 진단일로 하여 기업진단 시에 는 진단불능으로 처리됨에 주의해야 합니다.

진단가능일 요약

구분	진단가능일	비고
신설법인/개인	설립등기일로부터 20일 경과 이후 즉 21일 되는 날부터 진단 가능	예금평잔은 설립등기일 또는 증자등기일로부터 진단일 전일까지(최소 20일 이상)
신설법인 납입자본금 미달로 추가 증자	증자 등기일로부터 20일 경과 이후 즉 21일 되는 날부터 진단 가능	
그 외	진단기준일 이후 진단 가능	60일 은행거래실적증명, 30일 평잔 등을 고려

* 지침에서 개인에 대한 별도 규정이 없으므로 신설법인 규정 준용

---

15) 진단불능 사유(지침 제8조)는 ① 자료제출이나 제시하지 않는 경우, ② 입증서류와 보완서류를 거부·기피하는 경우, ③ 허위서류 제출, ④ 진단 받는 자에 대한 장부의 작성 및 재무제표 작성업무를 수행한 경우, ⑤ 진단자와 진단받는 기업이 이해관계자인 경우(진단자 또는 진단자의 배우자가 임원이거나 이에 준하는 직위에 있거나 과거 1년 이내에 이러한 직위에 있었던 자, 진단자 또는 진단자의 배우자가 주식 또는 출자지분을 소유하고 있는 자) 등.

5. 진단자

기업진단자는 등록한 개업 공인회계사 및 회계법인, 개업 세무사 및 세무법인, 전문경영진단기관입니다. 건설산업기본법 시행규칙 제33조에 따르면 전문경영진단기관은 당해 법인의 설립목적이나 사업의 범위에 기업경영연구 또는 기업진단이 포함되어 있어야 합니다.

그리고 전문경영진단기관은 공인회계사 또는 재무관리경영지도사 2인 이상[16)]을 상시 고용해야 합니다. 재무관리경영지도사는 건설업과 소방시설공사업을 제외한 대부분의 업종에서 경영지도사 단독으로 기업진단이 가능합니다.

---

16) 공인회계사법에 따라 등록한 공인회계사 또는 중소기업진흥에관한법률 제50조에 따라 등록한 재무관리경영지도사("주식회사 등의 외부감사에 관한 법률"에 따른 외부감사대상이 되는 건설사업자를 제외한 건설사업자의 재무관리상태를 진단하는 경우로 한정한다) 2인 이상을 상시 고용하고 있을 것(건설산업기본법 시행규칙 제33조 3항).

제 4 장

실질자본

1. 실질자본 개념

기업은 경영활동에 필요한 자금을 자기자본(내 돈)과 타인자본(빌린 돈)을 통해 조달합니다. 자본은 자산에서 타인자본(부채)을 차감하고 남은 순자산(잔여지분 = 주주지분)을 말합니다.

기업진단지침에서 자본은 자산총계에서 부채총계를 차감한 자본이 아니라 회사제시 재무상태표 자산과 부채에서 부실자산, 부외부채, 수정사항을 가감하여 구한 실질자산에서 실질부채를 차감한 자본을 말하며 실질자본[17] 또는 실질자본금이라고 합니다.

재무상태표 자산	(±) 수정사항	(-) 부실자산	=	실질자산①
재무상태표 부채	(±) 수정사항	(+) 부외부채	=	실질부채②
			=	실질자본(① - ②)

기업진단지침에서 자본은 건설업을 영위하기 위해 활용할 수 있는 실질자본만을 인정하므로 자산이 유출되거나 또는 실재성이 없거나, 부실

17) 실질자본 용어는 실무에서 실질자본금 용어와 혼용하여 사용.

자산 등은 실질자산과 실질부채로 인정하지 않는다는 관점입니다.

진단대상사업 즉 건설업의 실질자본은 실질자본에서 겸업자본을 차감[18]한 것으로 납입자본금, 기준자본금, 실질자본, 겸업자본에 대한 이해가 필요합니다.

납입자본금은 법인등기부등본상에 등기된 자본금액을 말합니다. 따라서 등기 완료가 안 된 회계상 자본금은 인정되지 않습니다. 등록 기준자본금은 면허를 취득하기 위한 법에서 정한 법정자본금으로 건설산업기본법 시행령에서 규정하고 있는 자본금을 말합니다.

실질자본은 영업활동으로 인한 자산, 부채, 수익의 변동에 따라 매년 달라지는 자본으로 실질자산에서 실질부채를 차감한 자본을 말합니다. 겸업자본은 겸업자산에서 겸업부채를 차감한 자본을 말합니다.

진단대상사업 실질자본은 진단대상사업 실질자산(실질자산 - 겸업자산)에서 진단대상사업 실질부채(실질부채 - 겸업부채)를 차감한 것으로 진단대상이 되는 사업의 실질자본을 말합니다.

---

18) 겸업자본 심사 예시 참조.

2. 실질자본 계산과 충족기준

진단대상사업 실질자본은 회사제시 자산과 부채에서 부실자산, 부외부채, 수정사항을 가감하여 구한 실질자산과 실질부채에서 겸업자산과 겸업부채를 차감하여 계산합니다.

진단대상사업 실질자본 계산구조

1단계 실질자본 = 실질자산 - 실질부채

실질자산 = 재무상태표의 자산가액(회사제시) ± 수정사항 - 부실자산

실질부채 = 재무상태표의 부채가액(회사제시) ± 수정사항 + 부외부채

※ 주의 : 실질자산(부채) = 진단대상사업 실질자산(부채) + 겸업자산(부채) 개념이므로 겸업자산과 겸업부채는 별도로 산출해야 함

2단계 겸업자본 = 겸업자산 - 겸업부채

겸업자산 = 열거겸업자산 + 겸업사업에 사용되는 자산 + 공통사용되는 자산으로 겸업자산으로 안분계산된 자산

겸업부채 = 열거겸업자산과 직접 관련된 부채 + 겸업사업에 사용되는 부채 + 공통사용되는 부채로 겸업부채로 안분계산된 부채

3단계 진단대상사업 실질자본[19)]

= 진단대상사업 실질자산(실질자산 - 겸업자산) - 진단대상사업 실질부채(실질부채 - 겸업부채)

---

19) 진단대상사업 실질자본은 (재무상태표 자본총계 - 부실자산 - 겸업자산 + 겸업부채 ± 자산

법인기업은 법인등기부등본상 납입자본금과 진단대상사업 실질자본을 관련 법에서 정한 기준자본금 이상을 상시 충족해야 합니다. 개인기업은 자본금 정의가 없기 때문에 진단대상사업 실질자본이 업종별 기준자본금 이상을 상시 충족하면 됩니다.

납입자본금은 면허 등록 신청 시에 기준자본금 이상으로 납입등기 하였으므로 자본금 감자를 하지 않는 이상 문제는 없으나 실질자본은 영업 결과에 따라 매년 변동하므로 관리가 필요합니다.

따라서 매년 재무제표를 결산하기 전에 가결산을 통하여 진단대상사업의 실질자본이 충족되는지를 검토하여 대비할 필요가 있습니다.

자본금 충족기준 요약

법인기업	개인기업
납입자본금 ≧ 기준자본금 and 진단대상사업 실질자본 ≧ 기준자본금	진단대상사업 실질자본 ≧ 기준자본금

3. 진단평가서 작성 방법

재무관리상태 진단보고서는 진단평가서와 진단조서[20]로 구성되어 있

부채수정사항) 또는 (실질자본 - 겸업자본) 방법으로도 계산 가능.

20) 진단조서 및 관련 증빙 서류는 5년간 보존. 진단조서는 제출의무가 없으나 제출 요청을 받

으며, 회사제시 자산 부채에서 차변(가산항목)에 자산증가, 부채감소를 기록하고 대변(차감항목)에 자산감소, 부채증가를 기록하여 실질자산과 실질부채를 계산합니다.

진단평가서

과목	회사제시금액	평정		평정 후 금액
		차변	대변	
1. 유동자산				
(1) 당좌자산				
① 현금 및 현금성자산				
② 단기투자자산				
③ 매출채권				
- 대손충당금				
④ 가지급금				
⑤ 단기대여금				
⑥ 미수금				
⑦ 미수수익				
⑧ 선급금				
⑨ 선급비용				
⑩ 선급공사원가				
⑪ 선납세금				
⑫ 부가세선급금				
⑬ 전도금				
⑭ 기타				
(2) 재고자산				

은 날로부터 7일 이내에 제출해야 함.

① 원재료				
② 가설재				
③ 수목				
④ 용지				
⑤ 미성공사				
⑥ 미완성주택				
⑦ 완성주택				
⑧ 기타				
2. 비유동자산				
(1) 투자자산				
① 장기금융상품				
② 매도가능증권				
③ 만기보유증권				
④ 장기대여금				
⑤ 투자부동산				
⑥ 기타				
(2) 유형자산				
① 토지				
② 건물				
- 감가상각누계액				
③ 건설장비				
- 감가상각누계액				
④ 차량운반구				
- 감가상각누계액				
⑤ 건설중인자산				
⑥ 기타				
(3) 무형자산				
① 사용수익권				
② 지적재산권				

③ 부동산물권				
④ 기타				
(4) 기타비유동자산				
① 임차보증금				
② 기타보증금				
③ 기타				
(겸업자산)			( )	
자산총계				

과목	회사제시금액	평정		평정 후 금액
		차변	대변	
1. 유동부채				
① 단기차입금				
② 매입채무				
③ 공사미지급금				
④ 공사선수금				
⑤ 분양선수금				
⑥ 미지급금				
⑦ 미지급비용				
⑧ 예수금				
⑨ 부가세예수금				
⑩ 미지급세금				
⑪ 가수금				
⑫ 기타				
2. 비유동부채				
① 장기차입금				
② 퇴직급여충당부채				
③ 하자보수충당부채				
④ 임대보증금				

⑤ 기타				
(겸업부채)		(　)		(　)
부채총계				
1. 자본금				
2. 자본잉여금				
3. 자본조정				
4. 기타 포괄손익누계액				
① 매도가능증권평가이익				
② 유형자산평가이익				
③ 기타				
5. 차기이월이익잉여금 (또는 이월결손금)				
(진단조정)		(　)		(　)
자본총계				
부채와 자본총계				

겸업자산 및 겸업부채에 대한 계산 내역

(1) 겸업자산 = 겸업사업에 제공된 자산 + 겸업자산으로 열거한 자산 + 진단대상사업과 겸업사업에 공통으로 사용된 자산 × 겸업비율

(　) (　) (　) (　) (　)

(2) 겸업부채 = 겸업사업 및 겸업자산으로 열거한 자산과 관련하여 발생한 부채 + 진단대상사업과 겸업사업에 공통으로 발생한 부채 × 겸업비율

(　) (　) (　) (　)

(3) 겸업비율 계산기준 : , 겸업비율(　)%

4. 실질자본 심사 예시

실질자본 계산의 이해를 돕기 위해 토목공사업을 영위하는 (주)abc건설의 실질자본 심사 과정을 간략한 예를 들어 설명해 보겠습니다. 진단평가서 작성 시트를 이용한 종합 사례는 겸업자본 심사 예시를 참고하면 됩니다.

(주)abc건설 재무상태표

2021.12.31.

계정과목	금액(백만원)	비고
자산총계	**1,400**	
- 현금 및 현금성자산	100	시재금 확인, 자본총계 1% 초과액은 부실자산
- 예금	200	회사명의 예치, Min(30일 평잔 2.5억, 잔액 2억)(실질자산)
- 공사미수금	500	2억원은 발생일로부터 2년 경과 미회수(부실자산)
- 대여금	100	대표이사 대여(부실자산)
- 재고자산	300	원자재로 취득일로부터 1년 이내, 보유(실질자산)
- 출자금	100	공제조합 출자금(실질자산)
- 임차보증금	100	임차부동산 보증금(겸업자산)
부채총계	**800**	
- 매입채무	500	하도급 공사대금(실질부채)
- 차입금	300	운영자금 차입금 2억, 겸업자산 관련 차입금 1억(겸업부채)
- 퇴직급여충당부채	-	2억원 퇴직급여추계액 누락(부외부채)
자본총계	**600**	
- 자본금	500	토목공사업 등록 기준자본금 5억원
- 이익잉여금	100	

먼저 법인등기부등본상의 납입자본금과 재무상태표의 자본총계가 등록 기준자본금 이상인지를 확인합니다. 납입자본금과 자본총계가 토목공사업 등록 기준자본금인 5억원 이상이면 일단 통과(Pass)합니다.

납입자본금과 자본총계 중 하나라도 기준자본금에 미달하면 바로 부적격 처리가 됩니다. 만일 납입자본금은 충족하고 자본총계가 미달하면 기업진단을 받아 적극 소명하여야 합니다.

두 번째, 자산에서 실질자산, 부실자산, 겸업자산을 구분 평가해야 합니다. 실질자산은 자산총계 14억원에서 부실자산 3.94억원[현금 94백만원(1억원 - 자본총계 1%), 공사미수금 2억원, 대여금 1억원]과 겸업자산 1억원을 제외하면 실질자산은 9억6백만원이 됩니다.

세 번째, 부채에서 실질부채, 부외부채, 겸업부채를 구분 평가해야 합니다. 실질부채는 부채총계 8억원에서 누락된 부외부채인 퇴직급여충당부채 2억원을 반영하고, 겸업부채 1억원을 차감하면 실질부채는 9억원이 됩니다.

마지막으로 진단대상사업 실질자산에서 실질부채를 차감하여 실질자본을 계산합니다. 진단대상사업 실질자산 9억6백만원에서 진단대상사업 실질부채 9억원을 차감하면 진단대상사업 실질자본은 6백만원으로 계산됩니다.

결론적으로 납입자본금은 충족하였으나 진단대상사업 실질자본이 등록 기준자본금에 미달하게 되어 부적격 처분을 받게 됩니다.

제 5 장

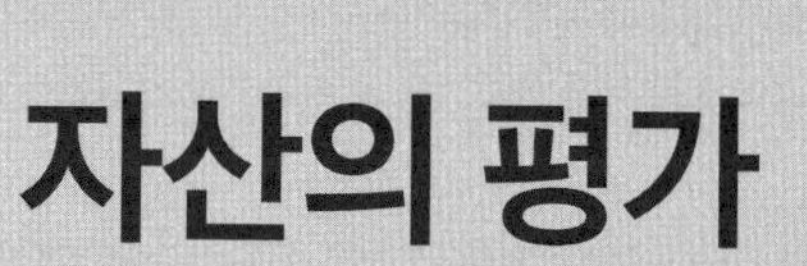

자산의 평가

자산 부채평가는 관련 법 및 지침에서 정하는 사항을 제외하고는 기업회계기준에 따라 평가합니다.[21] 또 재무제표상의 계정과목이나 계정분류에도 불구하고 지침 제12조(자산 부채 및 자본의 평가)에 의거, 실질적 내용에 따라 규정을 적용하여야 합니다.[22]

기업진단지침에서 자본은 건설업을 영위하기 위해 활용할 수 있는 실질자본만을 인정하고 있습니다. 따라서 ① 실재성이 확인 안 되거나 ② 증빙[23]이 없거나 ③ 자산이 유출되거나 ④ 진단대상사업과 관련이 없는 자산 등은 원칙적으로 부실자산 또는 겸업자산으로 처리하도록 규정하고 있습니다.

그리고 지침에서 열거한 겸업자산은 진단대상사업과 관련되고 실재성이 인정되더라도 겸업자산으로 분류하여야 하며, 겸업자산과 직접 관련

21) 수익과 비용은 기업회계기준에 따라 평가(지침 제27조).

22) 예를 들어 대여금과 유가증권을 선급금, 예금 계정으로 분류한 경우에 실질내용이 유가증권이면 유가증권 규정을, 대여금이면 대여금 규정을, 건설 관련 미수금이면 매출채권 규정을 적용해야 함.

23) 모든 증빙서류는 원본을 제출받아 검토해야 함.

된 부채는 겸업부채로 분류합니다. 지침에서 부실자산과 겸업자산은 다음 표와 같이 정의하고 있습니다.

지침, 열거 부실자산

구분	부실자산	관련 규정
1	지침에서 부실자산으로 분류된 자산	지침 제7조, 지침 제13조 (예외사항은 자산계정과목 참조)
2	진단받는 자가 법적 또는 실질적으로 소유하지 않은 자산	
3	무기명식 금융상품	
4	실재하지 않거나 출처가 불분명한 유가증권	
5	가지급금, 대여금	
6	미수금, 미수수익	
7	선급금, 선납세금, 선급비용	
8	부도어음, 장기성매출채권, 대손처리할 자산	
9	무형자산	

지침, 열거 겸업자산

구분	겸업자산	관련 규정
1	질권 설정 등 사용 또는 인출이 제한된 예금	지침 제15조
2	비상장주식	지침 제7조, 제16조
3	인출 또는 사용제한된 상장주식	지침 제16조
4	특수관계자 이외의 자에 대한 대여금 및 가지급금	지침 제19조
5	임대 또는 운휴 중인 자산	지침 제7조
6	지침에 별도 규정이 없는 투자자산과 비유동자산	지침 제22조

1. 현금

● 정의

현금은 전도금을 포함한 현금성자산[24]을 말하며 예금은 제외합니다. 지침에서 현금성자산은 지폐, 동전, 타인발행수표(자기앞수표 포함)를 말합니다.

● 평정

현금은 전도금, 현금성자산을 합산해서 평정하며 진단기준일 현재 진단자가 확인한 금액만 현금으로 인정합니다. 진단기준일 현재 재무상태표상 현금 중에 자본총계의 1%를 초과하는 금액은 부실자산으로 규정하고 있습니다.

즉 자본총계의 1%를 현금으로 인정하는 것이 아니라 실재 보유 중인 현금의 인정한도를 말하는 것입니다. 따라서 가결산을 통해 기말에 보유 현금이 자본총계의 1%를 초과할 것으로 예상되면 예금으로 예치시켜야 부실자산 판정을 피할 수 있습니다.

현금은 전도금과 현금성자산을 포함하여 진단자가 확인한 현금인정액과 자본총계의 1% 중 적은 금액을 실질자산으로 평정합니다.

---

24) 기업회계에서 현금 및 현금성자산은 통화(지폐, 동전), 타인발행수표, 요구불예금(당좌, 보통예금), 현금성자산(취득일로부터 3개월 이내 만기도래 금융상품), 기타(우편환증서, 송금환, 기일도래공사채이자표, 배당금통지표, 공장 및 지점전도금)임.

현금 = Min(현금인정액, 자본총계 × 1%)

예외적으로 전도금[25)]을 건설현장소장 개인 명의의 통장에 입금하고 소액경비 지출에 사용한 후 정산한 금액은 실재성이 확인된 경우에는 지침 제14조 1항에 의거, 실질자산으로 평정이 가능합니다. 만약 현장 전도금임을 입증하지 못하거나 가지급금, 대여금에 해당하는 경우에는 부실자산에 해당합니다.

일반적으로 진단일이 진단기준일 이후이므로 현실적으로 현금실사나 실재성 확인이 어렵기 때문에 현금출납장 입출금 내역, 잔액명세서 등에 대한 자료 등을 검토하여 현금잔액의 실재성을 확인합니다.

현금 요약

구분	내용
현금성자산	지폐, 동전, 타인발행수표(자기앞수표 포함)
전도금	건설현장소장 개인명의 전도금은 실재성이 확인되면 현금으로 평정 가능

검토자료

검토자료	검토내용
현금(시재금) 계정원장 또는 현금출납장	실재성 확인
타인발행수표	실재성, 수표취득경위 및 사용내역

---

25) 전도금은 건설현장에서 지출의 편리성을 위해 본사에서 지급된 시재금으로 전도금 사용 후 세금계산서, 신용카드 등의 적격증빙을 첨부해야 세법상 비용으로 인정받을 수 있음.

2. 예금

● 정의

예금은 진단받는 자 즉 기업 명의로 금융기관에 예치된 장단기 금융상품으로 요구불예금, 정기예금, 정기적금, 증권예탁금과 그 밖의 금융상품(CD, CMA, MMF, RP, 산금채, 중금채 등)을 말합니다. 재무상태표에는 보통예금, 단기금융상품, 장기금융상품 등으로 표시됩니다.

● 평정

예금은 금융기관에 진단받는 자 즉 기업 명의로 예치된 예금 중 가공예금, 일시예금, 사용제한 예금을 제외한 예금만을 실질예금으로 인정하며 예금잔액증명서, 진단기준일 포함 60일간 은행거래내역증명 등으로 확인합니다.

예금은 진단기준일을 포함한 30일 동안의 평균잔액으로 평가하며,[26] 진단기준일 현재의 예금잔액을 초과할 수 없습니다. 즉 진단기준일 현재 예금잔액과 30일 평균잔액 중 적은 금액을 실질자산으로 평정합니다.

예금 = Min(30일 평균잔액, 진단기준일 예금잔액)

30일 평잔 계산 시에 모든 계좌의 기산일과 종료일은 동일하게 적용해야

---

26) 30일 평균잔액은 가공예금, 일시예금, 사용제한 예금을 제외한 예금만을 대상으로 평잔. 30일 평잔 및 60일 은행거래내역증명은 반드시 진단기준일이 포함되어야 함.

하며 기업에 유리한 방향 즉 부실자산이 최소화 되도록 설정할 수 있습니다.

신설법인의 예금평잔기간은 진단기준일(설립등기일 또는 증자등기일)부터 진단일 전일까지입니다.[27] 따라서 60일간의 은행거래내역을 확인하는 것이 아니므로 신설법인의 예금평잔기간은 최소 20일부터 최장 90일까지 평정이 가능합니다.

그리고 기업분할로 신설법인이 기존 양도인이 가지고 있던 건설업에 관한 권리 의무를 포괄적으로 승계하는 경우에는 신설법인으로 보지 않습니다.[28] 따라서 양도양수, 분할·합병인 경우에는 지침 제15조에 따라 기존 기업의 예금평정방법과 동일하게 평정하면 됩니다.

▶ 사례

예를 들어 30일 평균잔액이 1억원, 예금잔액이 5천만원인 경우 예금은 5천만원으로 평정합니다. 30일 평균잔액이 1억원, 예금잔액이 2억원인 경우 예금은 1억원으로 평정하며, 예금잔액 1억원은 부실자산으로 처리합니다.

● 평정 단계

예금평정 단계는 ① 예금잔액 실재성 확인, ② 60일간 은행거래실적증명

---

27) 신설법인과 신설법인이 납입자본금 미달로 추가 증자 등기한 경우에는 설립 등기일과 증자 등기일 이후 20일 이내의 날을 진단일로 하면 진단불능임.

28) 국토해양부 질의회신(2011. 2. 21).

서로 일시예금 확인, ③ 예금잔액증명서로 사용제한 예금 확인, ④ 가공예금, 일시예금, 사용제한 예금을 제외한 실질예금으로 30일 평잔을 계산합니다.

예금평정 단계는 다음의 표로 정리하였습니다.

예금평정 단계

평정단계	평정내용
1단계 (실재성 확인)	• 제출서류 원본 여부 확인 • 장부상 예금잔액과 금융기관의 예금잔액증명서를 대조하여 실재성 확인 • 가공예금 확인
2단계 (일시예금 확인)	• 예금잔액 계좌에 대하여 진단기준일 포함 60일간의 은행거래실적 증명서의 지출내역 확인하여 일시예금 확인 • 신설법인은 진단기준일로부터 진단일까지 은행거래실적 증명 • 부외부채 확인
3단계 (사용제한 예금 확인)	• 이상이 없는 예금에 대하여 사용 또는 인출이 제한된 예금은 겸업자산으로 처리 • 다만, 진단대상사업 수행을 위해 보증기관이 선급금보증, 계약보증 등과 관련하여 질권을 설정한 경우는 겸업자산에서 제외함
4단계 (30일 평잔)	• 가공예금, 일시예금, 사용제한 예금을 제외한 예금을 실질예금으로 인정 • 실질예금만을 대상으로 30일[29] 평잔 계산. 모든 계좌의 평잔합계액과 잔액합계액을 비교하여 평정함 • 신설법인의 평잔기간은 진단기준일부터 진단일 전일까지임(신설법인은 20일 경과되면 30일에 미달되어도 평정 가능)[30] • 진단받는 기업에 유리하게 진단기준일을 포함한 30일 기간의 시작일과 종료일 설정. 단 30일 기간의 기산일과 종료일은 모든 예금계좌에 동일하게 적용

29) 30일은 진단기준일 포함 이전 30일, 진단기준일 포함 이전 이후 각각 설정(진단일 전일까지) 가능.

30) 자본금 10억 미만 법인 설립 시에 발기인의 주금납입보관증명서를 잔고증명서로 대체할 수 있음. 소규모 회사의 경우 이사가 1인 또는 2인 경우에는 이사회가 없으므로 주주총회 결의서 또는 대표이사 결의서로 가능(상법 383조 제1항, 제6항 상법 393조). 주금납입금이 사업자등록증 발급 이후 법인명의 계좌로 이체가 이루어지지 않으면 대표이사 가지급금 즉 부실

▶ 일시예금

일시예금은 주주, 대표이사 등 특수관계인에 대한 가지급금, 대여금 등의 부실자산 또는 겸업자산으로부터 회수한 예금을 말합니다. 회수한 일시예금이 60일 이내에 다시 부실자산이나 겸업자산으로 인출되었거나 인출내역이 입증되지 않으면 해당 금액을 부실자산으로 처리합니다.

그러므로 부실자산이나 겸업자산으로 인출되지 않고 정상적인 영업활동을 통한 기계 등 자산취득과 차입금 등 부채상환, 경비 지급 등을 위해 인출한 경우에는 이를 실질자산으로 인정하여 평잔계산 시 가산합니다.

▶ 사용제한 예금

질권 설정 등 사용 또는 인출이 제한된 예금은 겸업자산으로 실질자산에서 제외합니다. 다만 지침은 진단대상사업 수행과 관련된 보증기관이 선급금보증, 계약보증 등과 관련하여 질권을 설정한 경우에는 사업을 위한 불가피한 경우로 보아 실질자산으로 인정하고 있습니다.

▶ 잔액증명서를 제출하지 못하는 예금

진단기준일 현재 진단받는 자 즉 기업 명의의 금융기관 예금잔액증명과 진단기준일 포함 60일간의 은행거래실적증명을 제출하지 못하는 예금[31]은 실재성이 없는 것으로 보아 부실자산으로 처리합니다.

자산으로 처리하여야 함.

31) 단, 은행거래실적증명이 발급되지 않는 금융상품은 금융기관으로부터 발급받은 거래사실을 증명하는 서류로 대체 가능함.

▶ 무기명 금융상품

예금잔액증명서와 거래실적증명서가 교부되지 않은 표지어음, 양도성예금증서 등 무기명 금융상품, 타인명의 예금은 부실자산으로 처리합니다.

▶ 30일 평균잔액 계산 사례

2021년 12월 31일 자 재무상태표에 예금잔액이 3백만원이고 30일 기간(2021. 12. 30.~2022. 1. 28.) 동안 계좌별 잔액(일시예금, 사용제한 예금 없음)이 다음과 같이 변동하였다면, 예금의 실질자산 평가액은 2,266,667원이 됩니다.

2,266,667원 = Min(30일 예금평잔 2,266,667원, 예금잔액 3,000,000원)

일자	A계좌	B계좌	합계
2021-12-30	500,000	1000000	1,500,000
2021-12-31	**1,000,000**	**2,000,000**	**3,000,000**
2022-01-01	1,000,000	2,000,000	3,000,000
2022-01-02	1,000,000	2,000,000	3,000,000
2022-01-03	1,000,000	2,000,000	3,000,000
2022-01-04	1,000,000	2,000,000	3,000,000
2022-01-05	1,000,000	2,000,000	3,000,000
2022-01-06	1,000,000	2,000,000	3,000,000
2022-01-07	1,000,000	2,000,000	3,000,000
2022-01-08	1,000,000	2,000,000	3,000,000
2022-01-09	1,000,000	2,000,000	3,000,000
2022-01-10	1,000,000	2,000,000	3,000,000
2022-01-11	500,000	2,000,000	2,500,000
2022-01-12	500,000	2,000,000	2,500,000
2022-01-13	500,000	2,000,000	2,500,000

2022-01-14	500,000	2,000,000	2,500,000
2022-01-15	500,000	2,000,000	2,500,000
2022-01-16	1,000,000	2,000,000	3,000,000
2022-01-17	500,000	1,000,000	1,500,000
2022-01-18	500,000	1,000,000	1,500,000
2022-01-19	500,000	1,000,000	1,500,000
2022-01-20	500,000	1,000,000	1,500,000
2022-01-21	500,000	1,000,000	1,500,000
2022-01-22	500,000	1,000,000	1,500,000
2022-01-23	500,000	1,000,000	1,500,000
2022-01-24	500,000	1,000,000	1,500,000
2022-01-25	500,000	1,000,000	1,500,000
2022-01-26	500,000	1,000,000	1,500,000
2022-01-27	500,000	1,000,000	1,500,000
2022-01-28	500,000	1,000,000	1,500,000
합계	21,000,000	47,000,000	68,000,000
일수	30	30	30
평잔	700,000	1,566,667	**2,266,667**

검토자료

검토자료	검토 내용
계정명세서 및 계정원장	예금현황, 잔액 확인
진단기준일 현재 금융기관 계좌별 예금잔액증명서 원본 (사용제한 기재분)	실재성, 사용제한, 예금잔액 확인
진단기준일 현재 금융거래확인서 또는 부채증명서 원본	부외부채, 실재성, 잔액 확인
진단기준일 포함 60일간 은행거래실적증명서 원본(사용제한 기재분). 신설법인은 진단기준일로부터 진단일까지 은행거래실적 증명서 원본	가공예금, 일시예금, 사용제한 내역
진단기준일 현재 신용정보조회서 원본(은행연합회 발행)	차입금 누락 등 확인
대표이사 통장 또는 발기인 통장	신설법인
주주총회 또는 이사회 의사록	신설법인, 이익잉여금 유보 결의

3. 매출채권

● 정의

매출채권은 영업활동 과정에서 재화나 용역을 판매하거나 제공하는 과정에서 발생한 채권으로 외상매출금과 받을어음을 말합니다. 건설업체의 매출채권은 공사미수금과 분양미수금으로 구분합니다.[32]

● 평정

매출채권은 기본서류,[33] 거래처원장 등을 비교하여 실재성과 연령분석, 수익인식(완료기준, 진행기준), 대손충당금, 진단대상사업 관련성 등을 고려하여 평정합니다.

건설업은 진행기준에 따라 수익을 인식하는 것이 원칙이기 때문에 세무자료에 의하여 기성 청구한 것과 진행기준에 의하여 계산한 것을 포함하여[34] 수익을 인식하며 대손충당금을 차감하여 평정합니다.

---

32) 공사미수금은 도급받은 공사에 대하여 기성을 청구하였으나 미수령한 금액이며, 분양미수금은 건물 분양 후 매출로 인식하였으나 수령하지 못한 금액.

33) 지침 제7조에 의한 실질자산 확인 기본서류는 계정명세서, 계약서, 금융자료, 세금계산서, 계산서, 정규영수증, 등기등록서류임.

34) 공사 수익은 진행기준에 따라 수익을 인식하기 때문에 기성청구액을 포함하여 수익을 인식함. 진행기준에 따라 인식한 매출액을 세무조정 시 익금불산입한 경우 해당 금액은 부실자산으로 처리함. 세무자료 기성청구 증빙자료가 불충분한 경우 필요하면 채권조회를 실시하고 자료제출을 거부하면 지침 제8조에 의거 진단불능으로 처리함.

따라서 계약서, 세금계산서, 공사대금 청구 및 회수내역, 공사진행률 계산근거 등의 객관적 자료를 통하여 실재성 여부를 판단하여야 합니다.

지침은 매출채권 발생일 즉 세금계산서 발행일로부터 진단기준일까지 2년 이내 채권은 실질자산으로 분류하나 건설업과 관련하여 발생한 매출채권으로 기준일 현재 회수가 가능해야 실질자산으로 인정받을 수 있습니다.

그러나 2년 이내 매출채권이 진단기준일 이후 거래처 부도 등으로 진단일 현재 회수가 불가능한 것으로 확인된 경우는 부실자산으로 분류하여야 합니다.

진단대상사업과 무관한 매출채권은 겸업자산으로 평정하여야 하며, 특수관계자에 대한 매출채권은 별도 규정이 없으므로 실재성에 따라 판단하여야 합니다.

▶ 장기 매출채권

매출채권 발생일로부터 2년[35]이 경과한 장기 채권은 회수가능성이 없다고 판단하여 부실자산으로 평정합니다. 그러나 진단일 현재 매출채권이 회수된 경우에는 실질자산으로 평정합니다.[36]

---

35) 세금계산서 발행일로부터 진단기준일까지 기간.

36) 지침에 진단기준일 이후 회수 채권에 대한 규정은 없으나 실무에서 실질자산으로 인정하고 있음.

부도어음 등 대손처리할 자산과 가공 매출채권, 회수완료 매출채권, 증빙이 없는 매출채권은 부실자산으로 처리하여야 합니다. 영업정지 기업의 기업진단 시에 해당 기업의 매출채권, 예금 등은 가공 매출채권이거나 부실자산일 가능성이 높으므로 증빙자료를 통해 실재성을 꼭 확인하여야 합니다.

▶ 예외적 실질자산

지침은 매출채권 발생일로부터 2년이 경과한 채권이라도 예외적으로 3가지 경우는 실질자산으로 인정하고 있습니다.

예외적 실질자산 요약

구분	내용
국가, 지방자치단체 또는 공공기관에 대한 받을채권	국가, 지방자치단체에 대한 조세채권은 부실자산. 단, 진단일 현재 환급 결정된 경우 실질자산
법원 판결로 금액이 확정되거나 소송진행 중인 받을채권	• 담보제공이 없는 경우 전액 부실자산 • 담보제공이 있는 경우 회수가능액 초과금액은 부실자산 • 선순위 채권이 있으면 회수가능액에서 제외함 • 채무자 재산에 가압류 등의 채권보전조치를 취해야 실질자산으로 주장 가능
채무자회생및파산에관한법률에 의거, 법원이 인가한 회생계획에 따라 변제 확정된 채권	유가증권(비상장주식)으로 변제 받은 경우 겸업자산

▶ 대손충당금

매출채권 발생일로부터 2년 이내 채권의 경우 반드시 매출채권의 1% 또는 세법상 한도액 중 큰 금액을 대손충당금[max(세법상 한도액, 매출채권 × 1%)][37]으로 설정하여야 하며, 실질자산은 부실자산과 대손충당금을 제외한 금액입니다. 그리고 2년이 경과한 장기 매출채권은 대손충당금을 설정하는 것이 아니라 부실자산으로 평정해야 합니다.

예를 들어 매출채권 3억 중 2년 경과 채권이 1억원인 경우 실질자산은 부실자산 1억원을 제외한 2억원에 대한 대손충당금 2백만원(2억원 × 1%)을 제외한 198백만원이 됩니다.

▶ 건물, 토지 대물변제

매출채권을 건물 또는 토지로 대물변제 받은 경우에는 그 건물 또는 토지 취득일[38]로부터 2년간 실질자산에 해당됩니다.

대물변제는 매출채권만 인정되며 그 외는 실질에 따라 판단합니다. 취득 후 2년 이내는 취득자산의 용도, 임대 및 운휴 여부를 불문하고 실질자산으로 간주합니다.

대물변제 자산 취득 후 2년이 경과한 경우에는 건설업에 사용하면 실질자산에 해당하며, 건설업 이외 사업에 사용하면 겸업자산에 해당합니다.

---

37) 세법상 한도액(대손실적률)은 당해 세법상 대손금/전년도 말 채권잔액.

38) 일반적 매매 경우 취득일은 잔금청산일과 등기접수일 중 빠른 날이며, 대물변제 경우 소유권이전등기 된 날을 취득일로 봄.

그리고 진단기준일 현재 대물변제 받은 건물 또는 토지는 재무상태표에 유형자산으로 계상하여야 하며 감가상각비를 반영한 금액으로 평정하여야 합니다.

▶ 미청구채권

건설업의 공사 수익인식은 진행기준에 따라 인식하는 것이 원칙입니다. 다만 중소기업은 1년 이내 공사에 한하여 완료기준으로 수익인식을 할 수 있습니다.[39]

따라서 진행기준 적용 시에 세금계산서 발행 유무와 관계없이 공사진행률에 따라 수익을 인식할 수 있으며 수익에 대응하여 발생한 비용은 공사원가로 인식해야 합니다.

예를 들어 도급공사 계약금액 5억(공사기간 2021.7.1.~2022.6.30.), 총공사예정원가 4억, 기준일인 2021년 12월 31일 발생원가 2억이라면 공사진행률(누적발생원가/총공사예정원가)은 50%입니다.

기준일인 2021년 12월 31일, 공사수익은 2.5억원(계약금액 5억원 × 진행률 50%)이며 공사원가는 2억원입니다. 만일 11월 30일에 기성고청구액(세금계산서 발행)이 1억원이라면 미청구 매출채권은 1.5억원(2.5억원

---

39) 건설업 수익인식 설명은 재고자산 미완성공사 참조.

- 1억원)으로 실질자산에 해당합니다.[40] 반대로 기성고청구액이 3억원인 경우 진행률 초과 청구한 5천만원을 선수금 부채로 평정합니다.[41]

매출채권 요약

<table>
<tr><th>구분</th><th colspan="2">내용</th><th>실질자산 여부</th></tr>
<tr><td>발생일로부터 2년 이내</td><td colspan="2">진단대상사업 관련 매출 및 회수가능성 있음</td><td>실질자산</td></tr>
<tr><td>발생일로부터 2년 경과</td><td colspan="2">진단일 현재 회수된 경우에는 실질자산 인정</td><td>부실자산</td></tr>
<tr><td>부도어음, 가공 매출채권, 회수완료 매출채권, 증빙불비 매출채권</td><td colspan="2">증빙자료 및 실재성 확인</td><td>부실자산</td></tr>
<tr><td>진단사업 무관 매출채권</td><td colspan="2">-</td><td>겸업자산</td></tr>
<tr><td rowspan="3">건물, 토지 대물변제</td><td colspan="2">취득 후 2년 이내(사용용도 불문)</td><td>실질자산</td></tr>
<tr><td rowspan="2">취득 후 2년 경과</td><td>건설업 사용</td><td>실질자산</td></tr>
<tr><td>건설업 이외 사용</td><td>겸업자산</td></tr>
<tr><td rowspan="2">국가, 지방자치단체에 대한 조세채권(조세불복 청구액 포함)</td><td colspan="2">진단일 현재 환급결정</td><td>실질자산</td></tr>
<tr><td colspan="2">진단일 현재 환급 미결정</td><td>부실자산</td></tr>
</table>

검토자료

검토자료	검토내용
계정명세서 및 계정원장	거래처 현황, 매출채권, 회수사항 확인 등
결산일 이후 미수금 회수 시 입금내역	매출채권 회수내역 확인
현장별 공사원가명세서, 공사기준수입계산명세서	진행기준 수익, 매출채권 확인 등
공사계약서, 기성금청구서, 세금계산서	계약관계, 실재성 확인
대물변제계약서, 세금계산서, 부동산등기부등본	실재성, 취득일 확인

40) 현장별 공사원가명세서, 도급계약서, 공사대금 청구 및 회수내역, 진행률 계산근거 등으로 확인.

41) 선수금 전액을 공사수익으로 계상한 경우 진행률 초과분은 부채로 평정함.

4. 재고자산

● 정의

재고자산은 영업과정에서 판매를 위하여 보유하거나 생산과정에 있는 상품, 원재료 등을 말합니다. 건설업체의 재고자산은 원자재(가설재 포함), 건설용지, 완성건물, 수목, 공사 중인 재고자산(미완성공사) 등으로 구분됩니다.

● 평정

재고자산은 원자재를 포함하여 취득원가[42]로 평가하며, 재고자산수불부, 공사도급계약서, 공사원가명세서, 현장실사 등을 통해 실재성 확인과 공사 진행기준 등을 고려하여 평정합니다.

다만 진단기준일 시점의 시가가 취득원가보다 하락한 경우는 시가가 실질자산 가액이 됩니다. 이 경우 감정평가법인이 감정한 가액이 있는 경우는 감정평가액을 시가로 합니다.[43]

▶ 원자재

원자재(가설재 포함)[44]와 이와 유사한 재고자산은 부실자산으로 규정

---

42) 매입가격에 부대비용을 포함한 가격.

43) 기업회계기준의 저가법을 따르는 규정.

44) 기업회계기준에 의하면 내용연수가 장기인 철재 또는 이와 유사한 내구재는 유형자산으로 그 외의 가설재는 재고자산으로 분류하고 있어 유형자산은 기업진단지침 제23조(유형자산

하고 있습니다. 다만 취득일로부터 1년 이내 재고자산으로 진단기준일 현재 투입되지 않고 보유하고 있는 원자재는 실질자산으로 분류하고 있습니다.

원자재 확인은 재고수불부를 통해 종류, 취득일자, 취득수량, 사용일자, 사용수량, 기말보유재고 등을 확인할 수 있습니다.

▶ 건설용지

건설용지를 실제 건축공사와 관련하여 취득하고 실재성이 인정되는 경우에는 실질자산에 해당되며 취득가격은 매입가액과 취득 부대비용을 포함합니다. 건설용지 취득 후 장기간 착공을 하지 못한 경우에는 취득 사실과 착공 지연사유 등에 대하여 충분한 소명을 하여야 실질자산으로 인정받을 수 있습니다.

▶ 완성건물

주택, 상가, 오피스텔 등 진단대상사업과 관련이 있고 판매를 위한 신축자산(시공한 경우에 한함)은 보유기간에 관계없이 실질자산입니다. 만약 분양이 늦어지면서 일부를 임대한 경우에는 지침 제7조에 따라 겸업자산으로 분류하여야 합니다. 그러므로 신축 자산이 아닌 취득 자산과 진단대상사업과 관련이 없는 자산은 겸업자산에 해당합니다.

의 평가), 재고자산은 제18조(재고자산의 평가)에 따라 평가.

▶ 수목자산

수목자산은 조경공사업이나 조경식재공사 업체에 주로 발생하는 재고자산[45]으로 보유기간에 관계없이 취득일자, 취득가액 금융자료, 실사 등에 의해 실재성이 확인되고 진단기준일 현재 투입되지 않고 보유하고 있는 경우에는 실질자산으로 분류하며 취득원가로 평가합니다.

그리고 보유중인 수목자산을 감정평가[46]를 통해 가치증가분을 재무상태표에 반영하는 경우에 지침은 이를 인정하지 않습니다.

▶ 부동산 매매업 등 재고자산

주택 등 신축용 재고자산이 아닌 즉 진단대상사업과 직접 관련이 없는 재고자산(제조업, 도·소매업 등의 각종 재고자산)과 부동산 매매업을 위한 재고자산은 겸업자산입니다.

▶ 미완성공사

건설업의 수익인식기준은 완료기준과 진행기준[47]이 있으며 원칙적으로 진행기준에 따라 수익을 인식합니다. 다만 중소기업은 1년 이내 단기공사에 한하여 완료기준을 적용할 수 있습니다.

---

45) 조경공사업, 조경식재공사업에 사용하는 수목을 의미하므로 임업용 수목은 겸업자산에 해당됨.

46) 감정평가서는 취득 관련 증빙자료가 될 수 없음.

47) 진행률 = 누적발생원가/총공사예정원가 × 100

완료기준은 공사가 완료되는 시점에 공사수익을 인식하고 공사수익에 대응하여 발생한 비용을 공사원가로 인식합니다. 따라서 결산일 현재 공사가 진행 중인 경우에는 아직 공사 수익을 인식하지 않았기 때문에 발생비용을 재고자산 즉 미완성공사[48] 계정과목으로 재무상태표에 계상합니다.

만일 선수금이나 기성금 회수액이 있으면 공사 완료시점까지 선수금 부채로 인식하고[49] 공사 완료시점에 공사수익과 공사원가를 한 번에 인식해야 합니다.

진행기준은 도급금액을 공사진행률에 따라 공사수익[50]을 인식하고 공사수익에 대응하여 발생한 비용은 기말에 공사원가로 대체되기 때문에 미완성공사 계정이 나타날 수 없습니다. 만일 재고자산에 미완성공사 금액이 있으면 해당 금액은 부실자산으로 처리하여야 합니다.

---

48) 미완성공사는 미성공사 계정과목으로도 사용하며 제조업의 재공품과 유사한 성격의 계정임, 미완성공사는 중소기업으로서 단기 공사현장인 경우에만 계상됨. 공사기간이 1년 이상인 현장은 진행기준으로 수익과 비용을 인식하여야 하나 발생원가를 미완성공사로 계상하면 부실자산임.

49) 공사대금을 세금계산서로 청구하였거나 또는 선금을 받은 경우 공사선수금을 계상하지 않으면 부외부채로 계상하여야 함.

50) 공사수익 = 도급계약금액 × 진행률(누적) - 전기 말 공사수익(도급계약금액 × 전기 말 공사진행률)

진행기준의 일반적 회계처리

<table>
<tr><th>거래</th><th colspan="2">회계처리</th></tr>
<tr><td>원가 발생 시</td><td>(차변) 미완성공사 ×××</td><td>(대변) 현금 ×××</td></tr>
<tr><td>대금 회수 시</td><td>(차변) 현금 ×××</td><td>(대변) 공사미수금 ×××
공사선수금 ×××</td></tr>
<tr><td>결산 시</td><td>(차변) 공사선수금 ×××
공사미수금 ×××
(차변) 공사원가 ×××</td><td>(대변) 공사수익 ×××
공사미수금 ×××
(대변) 미완성공사 ×××</td></tr>
</table>

재고자산 요약

<table>
<tr><th colspan="2">구분</th><th>실질자산 요건</th></tr>
<tr><td colspan="2">원자재와 이와 유사한 재고자산</td><td>원칙 부실자산
(예외 : 취득일로부터 1년 이내고 실재 보유하면 실질자산. 1년 이상 경과한 재고자산은 부실자산임)</td></tr>
<tr><td rowspan="2">미완성공사</td><td>완성기준</td><td>실질자산
(공사 완공시점에 공사수익을 인식하므로 완성 전 투입된 공사원가는 미완성공사로 인식, 만일 선수금이 있으면 완공 시까지 부채로 인식)</td></tr>
<tr><td>진행기준</td><td>부실자산
(공사 진행률에 따라 공사수익을 인식하므로 당해 발생비용을 모두 공사원가로 처리하므로 미완성공사가 발생하지 않음)</td></tr>
<tr><td colspan="2">건설용지</td><td>건축물 시공 위해 취득한 경우 실질자산</td></tr>
<tr><td colspan="2">완성건물</td><td>진단대상 사업과 관련이 있고 판매를 위한 신축용자산(시공에 한함), 보유기간 관계없이 실질자산</td></tr>
<tr><td colspan="2">부동산 매매업 등 재고자산</td><td>겸업자산</td></tr>
<tr><td colspan="2">수목자산</td><td>실재성(식재장소, 취득자료 등) 입증 시 보유기관 관계없이 실질자산</td></tr>
</table>

검토자료

검토자료	검토내용
계정명세서 및 계정원장	재고현황, 금액 확인
재고자산수불부, 세금계산서	취득, 투입 내역 확인
현장별 공사원가명세서, 도급공사계약서, 세금계산서, 입금내역	미완성공사 내역, 회수내역 등 확인
부동산등기부 등본, 금융거래 내역	취득 등 실재성 확인

5. 유가증권

● 정의

유가증권은 재산권을 나타내는 증권으로 보통주, 우선주, 출자증권 등의 지분증권과 국·공채나 사채, 전환사채 등의 채무증권으로 주식, 채권, 출자금을 말합니다.

재무상태표에 보유기간 또는 보유목적에 따라 단기매매증권, 매도가능증권, 만기보유증권, 지분법적용투자주식으로 구분되는 지분증권과 채무증권으로 표시하고 있습니다.

● 평정

유가증권은 계약서, 출자확인서, 잔고증명서 등의 기본서류와 보유목적, 사용제한 여부, 진단대상사업 관련성 등을 고려하여 평정하며 지침에서 열거한 3가지 경우만 실질자산으로 인정하므로, 건설업과 관련되더라도 열거 이외의 유가증권은 겸업자산으로 분류하여야 합니다.

지침, 열거 유가증권

구분	평가	비고
진단대상 사업과 관련된 공제조합 출자금	시가평가 (출자좌수 × 출자당평가액)	진단대상사업 조합출자금만 해당 그 외 조합출자금은 겸업자산
한국금융투자협회 회원사로부터 발급받은 잔고증명서를 제출한 유가증권	시가평가	비상장주식, 해외기업 지분투자 등은 겸업자산 시가초과액은 부실자산
특정 건설사업의 수행을 위하여 계약상 취득하는 특수목적법인의 지분증권	취득원가	반드시 특정 건설사업 수행을 위해 취득해야 함

잔고증명서가 없거나 출처가 불분명한 유가증권, 시장성 있는 유가증권의 시가초과액 등은 부실자산에 해당됩니다. 참고로 매도나 매입과 관련된 자료는 실재성을 입증하는 증빙자료에 해당되지 않습니다.

▶ 공제조합 출자금

진단대상사업과 관련된 공제조합 출자금으로 실재성이 확인되는 경우에만 실질자산으로 평정합니다.[51] 진단대상사업이 건설업인 경우에는 건설 관련 공제조합[52] 출자금에 한하여 실질자산으로 인정되며, 건설업과 무관한 전기공사업, 정보통신공사업 등의 협회 출자금은 겸업자산에 해당합니다.

▶ 유가증권

상장주식, 채권이 실질자산으로 인정받기 위해서는, 진단기준일 현재 ① 한국금융투자협회 회원사 발급 잔고증명서 제출, ② 사용제한 및 인출제한이 없어야 하며, ③ 기준일 이후 매도되어 입금된 매매대금이 60일 이내에 부실자산이나 겸업자산으로 출금되면 안 됩니다.

만약 매매대금이 입금 후 60일 내에 가지급금 등 부실자산 또는 겸업자산으로 출금되는 경우에는 부실자산으로 분류합니다. 또 사용제한이나 인출제한이 있으면 예금과 같이 겸업자산으로 분류합니다.

---

51) 출자금 평가액은 매년 변동하며, 출자좌수확인원으로 시가를 확인할 수 없으면 실질자산으로 평정할 수 없음.

52) 건설공제조합, 전문건설공제조합, 대한설비건설공제조합 등 건설업과 관련된 공제조합을 말함.

참고로 한국금융투자협회 회원사는 증권사, 자산운용사, 선물사, 신탁사, 채권평가회사, 은행 등으로 금융투자협회 홈페이지에서 확인이 가능합니다.

▶ 특수목적법인 지분증권

특수목적법인(SPC)의 지분증권이 실질자산이 되기 위해서는 반드시 특정 건설사업을 수행하기 위한 목적으로 취득하여야 합니다. 특정 건설사업의 수행을 위한 특수목적법인의 지분증권은 대부분 사회기반시설사업[53]의 시공 등을 위하여 취득하는 경우로 부동산개발회사 등으로부터 취득한 지분증권은 겸업자산에 해당합니다.

유가증권 요약

구분		실질자산 여부
공제조합출자금	진단대상사업 관련	실질자산
	진단대상사업 비관련	겸업자산
유가증권 잔고증명서 (금융투자협회 회원사 발급)	주식, 채권	실질자산(단, 시가초과액은 부실자산)
	사용제한 또는 인출제한	겸업자산
건설공사 관련 매입 국·공채 (금융투자협회 잔고증명서를 제출한 경우에 한함)		실질자산
비상장주식		겸업자산
금융투자협회 비회원사 발급 유가증권 잔고증명서		겸업자산
특수목적법인 지분증권(특정 건설사업 관련 취득)		실질자산
매매대금 입금 후 60일 내 부실자산, 겸업자산으로 출금		부실자산

53) 각종 생산 활동의 기반이 되는 시설, 국민생활의 편익을 증진시키는 시설로 도로, 항만, 교량, 통신, 전력, 수도, 철도 등의 공공시설.

검토자료

검토자료	검토내용
계정명세서 및 계정원장	계정별 현황, 잔액확인
공제조합 출자좌수 확인원	실재성, 출자좌수 및 시가 확인
공제조합 융자잔액 확인원	실재성, 출자잔액 화인
국공채, 유가증권 잔고증명서	실재성, 잔액 확인
증권예탁 계좌별 거래실적증명서	실재성, 입출금 내역 확인
비상장주식 · 투자자산 매매계약서, 금융이체 자료	취득 적정성, 실재성 확인
회원권 사본, 금융이체 자료	취득 적정성, 실재성 확인

6. 대여금

● 정의

대여금은 금전소비대차계약에 의하여 차후 돌려받을 목적으로 금전을 대여하는 것을 말합니다. 대여금은 대표이사, 주주, 관계회사 등 특수관계자에 대한 대여금과 특수관계자가 아닌 자에 대한 대여금으로 구분합니다.

● 평정

대여금은 약정서, 금융자료, 부동산등기부등본 등을 통해 실재성과 진단대상사업 관련성 등을 고려하여 평정합니다.

진단일 현재 건설업에 직접 사용할 수 없다는 점과 자산의 유출로 보아 회수 여부와 관계없이 실질자산으로 인정하지 않으므로 부실자산 또는 겸업자산으로 처리하여야 합니다. 회수가능성이 없는 경우에도 부실자산으로 처리하여야 합니다.

▶ 특수관계자에 대한 대여금

법인세법상 특수관계자에 대한 가지급금[54]과 대여금은 부실자산으로 규정하고 있습니다. 자산인식요건을 충족하여 자산으로 계상한 경우에도 지침에 의거 부실자산으로 처리하여야 합니다.

---

54) 가지급금은 인출된 자금으로 그 내용이 확인되지 않은 경우에 사용하는 임시 계정임.

▶ 특수관계자가 아닌 자에 대한 대여금

특수관계자가 아닌 자에 대한 대여금은 겸업자산으로 규정하고 있습니다. 진단대상사업과 관련된 대여금[55]이라도 특수관계자가 아닌 자에 대여금은 지침에 의거 겸업자산으로 처리하여야 합니다.

▶ 예외적 실질자산

지침은 종업원 주택자금 대여금과 우리사주조합 대여금은 실질자산으로 규정하고 있습니다. 임원의 주택자금 대여금은 종업원 주택자금에 해당되지 않으므로 부실자산에 해당됩니다. 종업원에 대한 주택자금과 우리사주조합에 대한 대여금은 실재성이 확인되고 사회 통념에 비추어 대여금액 규모가 합리적인 경우에 실질자산으로 인정합니다.

◎ 특수관계자(법인세법 시행령 제87조)

법인세법상 특수관계자는 임원의 임면권 행사, 사업방침 결정 등 경영에 대해 사실상 영향력을 행사하고 있는자와 그 친족, 주주(소액주주[56] 제외)와 그 친족, 당해 법인에 100분의 30 이상을 출자하고 있는 법인에 100분의 30 이상을 출자하고 있는 법인이나 개인 등을 말합니다.

---

55) 운영자금 대여, 공사수주를 위한 융자 등.

56) ① 일반적인 경우 1% 미만의 주식을 소유한 주주, ② 특수관계 없는 비상장법인이 발행한 주식 평가 시 소액주주는 비상장주식을 5% 이하 소유하면서 취득가액이 10억원 이하인 주주.

대여금 요약

구분	실질자산 여부
특수관계자 대여금	부실자산
특수관계자 아닌 자에 대한 대여금	겸업자산
종업원 주택자금 대여금	실질자산
우리사주조합 대여금	실질자산
임원 주택자금 대여금	부실자산
대여금 회수 후 60일 이내 출금	부실자산
회수가능성 없는 대여금	부실자산

검토자료

검토자료	검토내용
계정명세서 및 계정원장	대여금 현황, 금액 확인 60일 내 재출금 확인
종업원주택 부동산 등기부 등본, 매매계약서 우리사주조합 등록증 등	실재성, 대여현황 확인
금융거래명세서	대여금 지급내역 확인
대여금 약정서	실재성 확인

7. 선급금

● 정의

선급금은 재화나 용역을 인도 또는 제공받기 이전에 먼저 지급한 금액을 말합니다. 건설업에서 선급금은 주로 공사 착수금, 원자재, 건설용지 취득 대금의 일부 또는 전부를 선지급한 금액을 말합니다.

● 평정

선급금은 선급금 발생 당시의 계약서, 금융자료 등을 통해 실재성 확인과 진단일 현재 계약이행 및 공사원가 정산 여부, 진단대상사업 관련성 등을 고려하여 평정합니다.

선급금 중 결산일까지 기성금으로 정산된 금액은 공사원가로 처리하여야 하나 반영하지 않는 경우가 많은 점과 자산의 유출로 보아 지침은 예외를 제외한 선급금은 부실자산으로 규정하고 있습니다.

특히 선급금 평정 시에는 재화, 용역의 매입과 선급금의 공사원가 정산 여부를 확인하여 실재성을 판단하여야 합니다. 지침에서 실질자산으로 인정한 선급금은 다음과 같습니다.

▶ 공사 선급금 해당액

도급계약에 따라 선지급한 금액 중에 재무상태표 결산일까지 기성금으로 정산되지 않은 금액을 말합니다. 즉 선급금 중에 결산일까지 기성고에

따라 공사원가로 정산[57]하고 남은 잔액입니다.[58]

예를 들어 2021년 9월에 기성고에 따라 공사대금을 지급하는 도급공사 계약을 체결하고 공사 착수 전에 2억원을 미리 지급하고, 12월에 기성고에 따라 1억원을 정산하였다면 2021년 12월 31일 재무상태표에 선급금은 1억원으로 표시가 됩니다.

▶ 원자재 선급금 해당액

원자재를 인도받기 전에 선 지급한 금액으로 재무상태표 결산일까지 입고되지 않은 원자재 선급금을 말합니다. 즉 결산일(진단기준일) 이전에 원자재가 입고되면 부실자산으로 처리하여야 합니다.[59]

예를 들면 2021년 11월에 공사 원자재 대금 1억원을 미리 지급하고 선급금으로 계상하였으나, 실제 원자재(1억원)가 2021년 12월에 입고되어 공사에 투입되었으나 2021년도 공사원가로 산입하지 않았다면 선급금 1억원은 부실자산에 해당합니다.

---

57) 선급금 × 기성고 해당액/계약금액

58) 완성도지급조건부 방식으로 계약한 경우 진단기준일 전에 공사가 완료되었으나 공사원가로 정산하지 않아 기준일에 남아 있는 선급금은 부실자산에 해당됨. 참고로 장기할부판매, 중간지급조건부공급, 완성도기준지급조건부공급의 공급시기는 대가의 각 부분을 받기로 한 때로 대금의 수령 여부와는 무관함.

59) 선급금에 해당하는 공사가 완료되거나 원자재 입고 시에는 공사원가 정산 여부 및 실재성 확인하여 부실자산 여부 판단.

▶ 주택건설용지 선급금 해당액

주택, 상가 등을 신축하기 위해 매입 계약한 토지의 소유권을 이전받기 전에 선 지급한 금액으로 진단일 현재, 취득이 완료되거나 또는 매매계약이 유효해야 실질자산으로 인정받을 수 있습니다.

지침 제23조에 의거, 진단일 현재 계약일로부터 1년이 초과되었으나 소유권 이전이 안 되고 사유를 소명하지 못하는 경우 또는 계약이 해제된 경우에 회수한 선급금을 부실자산이나 겸업자산으로 인출한 경우에는 부실자산으로 처리하여야 합니다.

▶ 선급공사원가로 대체 예정 선급금 해당액

선급공사원가는 공사계약체결 전에 공사를 수주하기 위해 선지출한(수주비 등) 금액으로 공사가 착공된 후에는 공사원가로 대체하여야 합니다.

지침은 기업회계기준[60]에 따라 선급공사원가로 대체될 예정인 선급금은 실질자산으로 인정하고 있습니다. 만일 진단일 현재 수주가 어렵다고 결정된 경우에는 해당 선급공사원가는 부실자산으로 처리하여야 합니다.

60) 기업회계기준에 의하면 계약에 직접 관련되고 계약을 획득하기 위해 공사계약 체결 전에 부담한 지출로 계약의 체결가능성이 매우 높은 공사계약 지출을 선급공사원가로 기록하였다가 당해 공사를 착수한 이후에 공사원가로 대체하도록 규정하고 있음.

선급금 요약

<table>
<tr><th colspan="2">구분</th><th>실질자산 요건 및 여부</th></tr>
<tr><td>원칙</td><td>선급금</td><td>부실자산</td></tr>
<tr><td rowspan="4">예외
실질자산</td><td>공사 선급금 해당액</td><td>• 공사대금 선입금 및 결산일 현재 기성금으로 미정산된 금액
• 공사완료 후 정산방식 계약한 경우 결산일 전에 공사완료 시에 미정산 시는 부실자산</td></tr>
<tr><td>원자재 선급금 해당액</td><td>• 인도받기 전 선입금 및 결산일까지 미입고
• 결산일 이전 입고 시 부실자산</td></tr>
<tr><td>주택건설용지 선급금 해당액</td><td>• 소유권 이전 받기 전 선입금 및 기준일 현재 취득완료 또는 매매계약 유효
• 계약일로부터 1년 지나도 소유권 미이전 시에 사유 미소명 또는 계약해지 후 회수 선급금을 부실자산이나 겸업자산으로 인출 시는 부실자산</td></tr>
<tr><td>선급공사원가로
대체 예정 선급금 해당액</td><td>• 진단일 현재 수주가 어렵거나 불확실한 경우 부실자산</td></tr>
</table>

검토자료

검토자료	검토내용
계정명세서 및 계정원장	거래처 현황, 선급금 확인
공사계약서, 기성금청구서, 세금계산서	계약내용, 선급금 내역 확인
진행률 계산 및 정산내역	선급공사원가 적정성
금융(예금)거래명세서	거래처별 선급금, 계약해지 입금내역 확인

8. 보증금

● 정의

보증금은 장래에 발생할지도 모르는 채무를 담보하기 위하여 특정한 관계에 있는 자에게 교부되는 금전을 말합니다. 보증금은 임차보증금, 리스보증금, 주택임차보증금 등이 있으며 기타 비유동자산으로 표시가 됩니다.

● 평정

보증금은 임대차계약서, 금융자료, 세무신고서(임대인), 시가자료 등을 통해 실재성 확인과 진단대상사업 관련성 등을 고려하여 평정합니다.

보증금은 지침 제7조, 제13조에서 부실자산으로 규정하지 않고 있으나 진단대상사업 즉 건설업에 직접 제공되지 않고 보증금의 실재성이 없는 경우에는 겸업자산이나 부실자산으로 처리하여야 합니다.

보증금은 부동산과 건설장비, 차량 등의 부동산 이외 보증금으로 크게 구분할 수 있으며, 건설업과 관련되고 실재성이 있는 보증금과 리스회사와 리스계약 보증금은 실질자산으로 인정하고 그 외는 대부분 부실자산으로 규정하고 있습니다.

주의할 점은 건설업 영위 관련 예치한 보증금의 보증기간 만료 이후 보증금의 회수가 지연되는 경우에는 회수가능액으로 평정하여야 합니다.

그리고 회수 관련 소송 중인 경우에는 보증금에서 소송금액 총액을 차감하여 평정하여야 합니다. 보증금 만기 이후 2년이 경과하도록 회수하지 못한 보증금은 지침 제17조 4항에 해당되지 않은 경우는 부실자산으로 처리하여야 합니다.

보증금은 유형별로 다음 표로 요약 정리 하였습니다.

보증금 요약

<table>
<tr><th colspan="2">구분</th><th>실질자산 여부</th></tr>
<tr><td colspan="2">거래의 실재성이 없다고 인정되는 경우</td><td>부실자산</td></tr>
<tr><td rowspan="2">임차목적물이 부동산인 경우
(사무실, 창고, 야적장 등)</td><td>임차부동산이 본점, 지점 또는 사업장 소재지 및 그 인접지인 경우</td><td>실질자산</td></tr>
<tr><td>임차부동산이 본점, 지점 또는 사업장 소재지 및 그 인접지가 아닌 경우</td><td>부실자산</td></tr>
<tr><td rowspan="2">임차목적물이 부동산이 아닌 경우
(건설장비, 차량 등)</td><td>리스회사와 리스계약 보증금
(계약물건 제한 없음)</td><td>실질자산</td></tr>
<tr><td>그 외</td><td>부실자산</td></tr>
<tr><td colspan="2">진단대상사업에 직접 제공되지 않은 임차보증금</td><td>겸업자산</td></tr>
<tr><td colspan="2">시가초과 임차보증금(시세는 공정가치와 주변 시세 등을 참고)</td><td>부실자산</td></tr>
<tr><td colspan="2">임직원용 주택(숙소, 기숙사, 주택) 임차보증금</td><td>부실자산</td></tr>
<tr><td colspan="2">현장 임시숙소 임차보증금</td><td>실질자산</td></tr>
<tr><td colspan="2">무형자산 임차보증금</td><td>부실자산</td></tr>
<tr><td colspan="2">금융증빙 불비 또는 실물 없는 임차보증금</td><td>부실자산</td></tr>
<tr><td colspan="2">대여금(가지급금) 성격의 임차보증금</td><td>부실자산</td></tr>
<tr><td colspan="2">건설공사를 위한 예치보증금(계약이행 보증금 등)</td><td>실질자산</td></tr>
<tr><td>보증기간
만료 보증금</td><td colspan="2">• 회수 지연 시 회수가능액으로 평가, 2년 경과한 경우 부실자산 처리
• 보증금 관련 소송중이면 보증금에서 소송금액총액을 차감한 금액을 실질자산으로 평가(보증금 - 소송금액총액)</td></tr>
<tr><td>법원 예치
공탁금</td><td colspan="2">진단일 현재 소송결과를 반영한 회수가능액을 실질자산으로 평가</td></tr>
</table>

검토자료

검토자료	검토내용
계정명세서 및 계정원장	보증금 현황, 금액 확인
임대차계약서(부동산, 차량 등), 금융자료	보증금 발생일자, 금액 확인
부동산 임대공급가액 명세서	금액, 적정성 확인
기타 계약 관련 계약서, 금융자료	보증금 발생일자, 금액, 적정성

9. 유형자산

● 정의

유형자산은 물리적 실체가 있는 자산으로 눈으로 보거나 만질 수 있는 자산으로 토지, 건물, 기계장치, 차량운반구 등으로 1년을 초과 사용할 것으로 예상되는 자산을 말합니다.

유형자산은 취득을 완료한 자산과 취득을 완료하기 이전에 지출한 공사 대금, 기계장비 대금 등의 건설중인자산으로 구분하여 표시합니다.

● 평정

유형자산은 기본서류와 감가상각명세서 등을 통하여 소유권, 실재성 및 진단대상사업 관련성 등을 고려하여 평정합니다.

유형자산이 실질자산으로 인정받기 위해서는 진단대상사업 즉 건설업에 사용하고 소유권을 보유하고 있어야 합니다. 따라서 등기 및 등록대상자산이 법적 또는 실질 소유권이 없는 경우에는 부산자산으로 처리하여야 합니다. 진단대상사업 즉 건설업에 직접 사용하지 않은 유형자산은 겸업자산으로 분류하여야 합니다.

▶ 유형자산 취득 및 평가

유형자산은 취득시점에 취득원가로 인식하며 취득가액에서 감가상각누계액을 차감[61]하여 평정합니다. 유형자산은 최초 인식 후에는 원가모형이나 재평가모형 중 하나를 선택할 수 있으며 선택 후에는 유형자산 분류별로 동일하게 적용하여야 합니다.

기업회계기준에 따르면 재평가모형을 선택한 경우 주기적으로 재평가를 실시해야 합니다. 자산 재평가는 재무구조 개선을 위해 토지 건물 등의 가격이 올랐을 때 주로 시행하며 재평가액이 실질자산 가액이 됩니다.[62]

감가상각누계액은 취득일로부터 진단기준일까지 감가상각비로 법인세법상 내용연수[63]와 정액법으로 계산하여 반영합니다. 다만 진단받은 기업의 장부상 감가상각누계액이 큰 경우에는 그 금액으로 합니다.

▶ 임대자산, 운휴자산

유형자산 중 타인에게 임대하고 있는 임대자산과 사용하지 않고 있는 운휴자산은 겸업자산입니다. 운휴자산은 유형자산에만 해당됩니다.

다만, 건설업체가 소유한 본사 업무용 건축물(부속토지 포함) 중에서

---

61) 만약 손상차손이 발생한 경우 손상차손누계액도 차감하여 평정하여야 함.

62) 자산재평가에 따른 자산과 자본증가로 실질자본이 개선되는 효과.

63) 법인세법 시행규칙 [별표 5], [별표 6] 기준내용연수 : 차량 및 운반구 5년. 선박 및 항공기 12년. 연와조, 블록조, 콘크리트조, 토조, 토벽조, 목조, 목골모르타르조, 기타 조의 모든 건물과 구축물 20년. 철골·철근콘크리트조, 철근콘크리트조, 석조, 연와석조, 철골조의 모든 건물과 구축물 40년. 전문건설업 건설용자산 5년. 종합건설업 건설용 자산 8년.

그 일부를 건설업체의 본사로 사용하고 일부를 임대한 경우에는 예외적으로 본사 건축물 전체를 실질자산으로 인정합니다. 만약 해당 임대자산에 대하여 건설업체 또는 제3자 차입용 담보로 제공한 경우에는 채권최고액을 부외부채로 보아 실질부채에 가산하여야 합니다.

본사 건출물 외 임대자산은 건설업과 관련 없는 겸업자산에 해당합니다. 또 토지, 건물의 일부를 임대하고 있다면 전체 연면적에 대한 임대면적의 비율(임대면적/전체 연면적 × 100)로 계산한 금액을 겸업자산으로 봅니다.

예를 들면 건물 연면적 1,000㎡(토지 500㎡) 중 300㎡를 임대하고 나머지 700㎡는 건설업과 소방시설공사업에 공통으로 사용하고 있습니다. 총 매출액 100억원 중 소방시설공사 매출액은 20억원입니다. 토지 장부가격 10억원, 건물 장부가격 8억원인 경우에 겸업자산 안분계산은 다음과 같습니다.

(단위 : 백만원)

구분	장부가격	연면적	임대면적	겸업자산 (열거)	건설업 실질자산	겸업자산 (공통)
토지	1,000	500㎡	150㎡	300 (1,000 × 30%)	560 (700 × 80%)	140 (700 × 20%)
건물	800	1,000㎡	300㎡	240 (800 × 30%)	448 (560 × 80%)	112 (560 × 20%)

* 주 : 직접사용과 임대사용은 임대면적비율 30%(300㎡/1,000㎡), 공통사용은 겸업비율 20%(20억원/100억원)을 각각 적용

▶ 건설중인자산

유형자산 취득을 완료하기 전에 지출된 건설공사 대금, 건설기계 매입 금액을 건설중인자산이라고 합니다. 건설중인자산은 원칙적으로 실질자산입니다.[64] 만일 진단기준일 이후 계약이 해지되어 대금을 회수하는 경우에 회수한 금액을 부실자산이나 겸업자산으로 인출하면 해당 금액은 부실자산에 해당합니다.

▶ 대물변제로 취득한 유형자산

공사 대금을 건물, 토지로 대물변제 받는 경우에는 취득일로부터 2년간 실질자산에 해당됩니다. 자세한 내용은 제5장에 있는 매출채권의 건물, 토지 대물변제를 참고하면 됩니다.

유형자산 요약

구분	실질자산 여부	비고
건설업 사용 및 소유권	실질자산	법적, 실질적 소유권이 없으면 부실자산
임대자산	겸업자산	
운휴자산	겸업자산	유형자산만 해당
본사 건축물 일부 임대	실질자산 (건축물 전체)	담보제공 시 채권최고액은 부외부채, 실질부채 가산
본사 건축물 외 임대	겸업자산	
토지 또는 건축물 일부 임대	겸업자산	(임대면적/전체 연면적) × 100
건설중인자산	실질자산	
대물변제(토지, 건물) 자산	실질자산	취득 후 2년 이내, 사용용도 불문, 매출채권만 해당. 취득 후 2년 경과 시 실질에 따라 판단

64) 계약일로부터 1년이 지나도 취득 완료가 안 된 경우 지연사유가 객관적으로 소명되지 않으면 부실자산 처리.

검토자료

검토자료	검토내용
계정명세서 및 계정원장	자산별 항목, 금액 확인
부동산등기부등본, 세금계산서, 금융거래증빙	취득 및 실재성 확인
유형자산 상각명세서	상각 적정성, 반영 여부 확인

10. 무형자산

● 정의

무형자산은 물리적 실체가 없는 즉 눈으로 볼 수 없는 자산으로 특허, 실용신안, 디자인, 상표권, 영업권, 개발비 등을 말합니다. 지침에서 산업재산권은 특허권, 실용신안권, 디자인권, 상표권을 말합니다.

● 평정

무형자산은 일반적으로 매각하여 현금으로 회수하기가 어렵기 때문에 지침은 예외를 제외한 무형자산은 부실자산으로 규정하고 있습니다.

예외적으로 진단대상사업과 직접 관련하여 취득한 산업재산권, 소프트웨어(유형자산에 직접 사용), 기부채납 사용수익권, 부동산물권만 실재성이 인정되는 경우에 실질자산으로 인정하므로, 개발비 등 열거 이외의 무형자산은 부실자산으로 처리하여야 합니다.

특허등록원부, 기부채납 약정서, 부동산등기부등본, 취득계약서 등을 통해 실재성과 진단대상사업 관련성 등을 고려하여 평정합니다.

▶ 산업재산권, 소프트웨어

진단대상사업 즉 건설업과 관련하여 취득한 산업재산권과 유형자산 운용에 직접 사용되는 소프트웨어는 실질자산으로 분류하며, 취득원가에 정액법[65]에 따른 상각액을 차감한 가액으로 평정합니다. 건설업과 직접 관련이 없는 산업재산권은 겸업자산으로 분류합니다.

▶ 사용수익권

사회기반시설 건설 후 시설물을 기부채납하고 일정기간 무상으로 사용수익 할 수 있는 권리인 기부채납 사용수익권은 실질자산으로 분류하며 정액법에 따른 상각액을 차감하여 평가합니다.

▶ 부동산 물권

부동산 물권은 지침 제21조 1항, 제23조 2항에 의거 임차보증금 등의 예에 따라 평정합니다. 물권의 객체가 부동산인 저당권, 지상권, 유치권 등의 부동산 물권[66]은 실재성이 인정되는 경우에 실질자산으로 분류합니다. 예를 들어 임직원용 주택보증금에 전세권을 설정하는 경우에 부실자산으로 처리합니다.

무형자산 요약

구분	내용	실질자산 여부
산업재산권 (특허권, 실용신안권, 디자인권, 상표권)	건설업과 직접 관련 있는 경우	실질자산
	건설업과 직접 관련 없는 경우	겸업자산

65) 법인세법 시행규칙 [별표 3] 무형자산 내용연수 : 영업권, 디자인권, 실용신안권, 상표권 5년. 특허권 7년.

66) 특수관계자 소유 부동산에 저당권, 전세권, 지상권 등을 설정하는 경우가 많으므로 평정 시 주의.

소프트웨어	거래명세서 등에 의해 실재성이 확인된 외부구입 소프트웨어(유형자산에 직접 사용되는 경우에 한함)	실질자산
시설물 기부채납 무상사용 수익권	-	실질자산
부동산 물권	저당권, 지상권, 유치권, 점유권 등 실재성이 확인되면 실질자산, 실재성이 없으면 부실자산	실질자산
개발비, 영업권, 창업비, 개업비	자산인정 불문	부실자산

검토자료

검토자료	검토내용
계정명세서 및 계정원장	자산별 항목, 금액 확인
취득계약서, 세금계산서, 금융거래 증빙	취득 적정성, 실재성 확인
무형자산 상각명세서	상각 적정성, 반영 여부 확인
사용수익계약서, 기부채납 관련 약정서	기부채납 내역, 실재성 확인

11. 기타 자산

기타 자산으로 미수금, 미수수익, 선급비용, 선납세금, 이연법인세자산은 지침에서 부실자산으로 규정하고 있습니다. 예외적으로 건설업 관련 미수금과 환급결정 선납세금 등은 실질자산으로 분류하고 있습니다.

● 미수금

미수금은 회사의 영업활동 즉 건설업 영업외의 활동에서 발생하는 채권으로 지침 제17조(매출채권과 미수금 등의 평가)에 따라 실질자산 여부를 판단하여야 합니다.

그러므로 미수금 중 건설업이나 겸업사업과 관련되고 실재성이 확인되는 2년 이내 건설 미수금(건설 유형자산 매각 등)과 겸업자산에 해당되는 미수금(비상장주식 매각 등)은 지침 제17조에 의거, 실질자산이나 겸업자산으로 평정하여야 합니다.

발생일로부터 2년이 경과한 장기 미수금을 실질자산으로 인정[67]하는 경우는 매출채권과 동일하며, 매출채권과 동일한 기준으로 평정합니다.

● 미수수익

거래가 기발생하였으나 받아야 할 시점이 도래하지 않은 금액을 미수

---

67) 지침 제17조 4항 또는 제5장 자산의 평가 '3. 매출채권'의 예외적 실질자산 참조.

수익 이라고 합니다. 일반적으로 미수수익은 예금기간경과이자 등이 있으며 실재성이나 진단대상사업 관련 여부를 불문하고 무조건 부실자산으로 처리합니다.

● 선납세금

선납세금은 납부일 이전에 미리 납부한 세금을 말하며 중간예납세액, 원천징수세액 등이 있습니다. 선납세금은 원칙적으로 부실자산 처리하며 진단일 현재 환급이 결정[68]된 경우는 실질자산으로 평정합니다.[69]

선납세금 요약

구분	내용
선납세금	• 환급받을 세액은 실질자산 • 체납세액이 있는 경우는 체납세액에 충당되므로 부실자산으로 처리
부가세 대급금	• 자산계정으로 환급 받을 세액이므로 실질자산임
경정청구세액	• 더 납부한 세액을 돌려받기 위한 청구를 말함 • 환급결정이 된 경우 실질자산, 그 외는 부실자산
조세불복세액	• 추징 세액에 불복하여 심사·심판청구하는 것을 말함 • 환급결정이 된 경우 실질자산, 그 외는 부실자산

● 선급비용

선급비용은 기중에 1년치 보험료를 미리 납입하는 경우가 대표적인 예

68) 환급통지서와 금융자료, 진단일 현재 법정 환급기일이 도래하지 않은 경우에는 세무신고서, 불복청구한 경우는 진단일 현재 심판기관으로부터 인용결정이 된 결정문 등으로 확인.

69) 세무조정계산서를 검토하여 미지급법인세, 부가가치세 납부세액이 결산서에 누락된 경우에는 부외부채로 반영하여야 함.

로 미 경과한 기간에 해당하는 비용을 자산으로 처리한 금액으로 실재성이나 진단대상사업과 관련 여부를 불문하고 무조건 부실자산으로 처리합니다.

● 이연법인세자산

이연법인세자산[70]은 기업회계기준과 법인세법의 수익인식기준 차이에 의해 발생하는 자산으로 환급이 결정된 세액(지침 제17조 6항)이 아니므로 원칙적으로 부실자산 처리합니다.

기업회계는 발생주의에 따라 수익과 비용을 인식하고 법인세법은 권리의무확정주의에 따라 수익과 비용을 인식하므로 회계이익과 과세소득에 차이가 발생합니다. 이러한 차이로 인해 재무제표상 법인세 보다 실제 부담세액이 더 큰 경우가 발생하는데 이 차이를 이연법인세자산이라고 합니다.

● 투자자산과 기타 비유동자산

지침에서 따로 정하지 않은 투자자산과 기타비유동자산은 겸업자산으로 분류합니다. 진단대상사업과 관련이 없는 투자자산과 비유동자산도 겸업자산이며 골프회원권, 콘도회원권, 해외투자 지분 등이 이에 해당됩니다.

---

70) 이연법인세자산은 선급법인세 성격으로 차기 이후 소멸되어 차감할 일시적차이라고도 함. 자세한 내용은 법인세회계 참조.

기타 자산 요약

구분	실질자산 여부	비고
미수금	부실자산	매출채권과 동일한 방법으로 평정. 2년 이내 건설업 관련 유형자산 매각 등의 미수금은 실질자산
미수수익	부실자산	기간경과이자, 인정이자
선납세금	부실자산	환급결정된 경우 실질자산
부가세 대급금	실질자산	부가가치세를 돌려받을 세액
선급비용	부실자산	
이연법인세자산	부실자산	
투자자산과 기타비유동자산	겸업자산	

12. 자산 계정과목 요약

자산 계정과목별 주요 평정 내용을 요약하였습니다. 자세한 내용은 해당 계정과목을 참고하시면 됩니다.

자산 계정과목 요약

<table>
<tr><th>계정과목</th><th colspan="2">내용</th><th>실질자산 여부</th></tr>
<tr><td>현금</td><td colspan="2">자본총계의 1% 이내(인정한도)
Min(현금인정액, 자본총계 × 1%)</td><td>실질자산</td></tr>
<tr><td rowspan="3">예금</td><td colspan="2">정상적 예금</td><td>실질자산</td></tr>
<tr><td colspan="2">가공예금, 일시예금</td><td>부실자산</td></tr>
<tr><td colspan="2">사용제한 또는 인출제한 예금</td><td>겸업자산</td></tr>
<tr><td rowspan="4">유가증권</td><td colspan="2">시장성 유가증권(상장주식, 채권), 공제조합 출자금, 특정 건설 관련 취득 특수목적법인 지분증권</td><td>실질자산</td></tr>
<tr><td colspan="2">시장성 유가증권 시가초과액</td><td>부실자산</td></tr>
<tr><td colspan="2">무기명 금융상품, 출처불명 유가증권</td><td>부실자산</td></tr>
<tr><td colspan="2">비상장주식</td><td>겸업자산</td></tr>
<tr><td rowspan="5">매출채권
미수금</td><td colspan="2">발생일(세금계산서 발행일)로부터 2년 이내</td><td>실질자산</td></tr>
<tr><td colspan="2">발생일(세금계산서 발행일)로부터 2년 경과</td><td>부실자산</td></tr>
<tr><td colspan="2">예외 : 국가, 지자체, 공공기관으로부터 받을채권</td><td>실질자산</td></tr>
<tr><td colspan="2">예외 : 법원판결 확정 채권, 소송 중 채권(담보제공된 경우 회수가능액 기준). 담보제공 없으면 부실자산</td><td>실질자산</td></tr>
<tr><td colspan="2">예외 : 회생인가 회생계획에 따라 변제 확정채권</td><td>실질자산</td></tr>
<tr><td rowspan="6">재고자산</td><td colspan="2">원자재와 이와 유사한 재고자산, 취득일로부터 1년 이상 경과한 자산</td><td>부실자산</td></tr>
<tr><td colspan="2">취득일로부터 1년 이내, 건설업에 사용 및 보유</td><td>실질자산</td></tr>
<tr><td colspan="2">건설업과 직접 관련이 없는 재고자산(부동산 매매업 등 재고자산)</td><td>겸업자산</td></tr>
<tr><td colspan="2">시공한 분양목적 신축용 자산(주택, 상가, 오피스텔 등), 조경수목, 보유기간 관계없음</td><td>실질자산</td></tr>
<tr><td rowspan="2">미완성공사</td><td>완성기준</td><td>실질자산</td></tr>
<tr><td>진행기준</td><td>부실자산</td></tr>
</table>

구분	항목	분류
유형자산	건설업 관련 유형자산, 건설중인자산	실질자산
	자가 시공 비거주용 건물	겸업자산
	운휴자산	겸업자산
	임대자산(본사 업무용 건물 제외)	겸업자산
	대물변제(토지, 건물), 취득 후 2년 이내, 사용용도 불문	실질자산
대여금 가지급금	종업원 주택자금 대여금, 우리사주조합 대여금	실질자산
	임원 주택자금 대여금	부실자산
	특수관계자 대여금	부실자산
	특수관계자 아닌 자에 대한 대여금	겸업자산
선급금	공사 선급금(기성금으로 정산되지 않은 금액)	실질자산
	원자재, 주택건설용지 선급금	
	선급공사원가로 대체 예정 선급금	
	그 외 선급금, 선급비용, 선급세금	부실자산
보증금	임차목적물이 부동산이 아닌 경우(리스계약 보증금 제외)	부실자산
	임차부동산이 본점, 지점, 사업장 소재지 및 그 인접지인 경우	실질자산
	임차부동산이 본점, 지점, 사업장 소재지 및 그 인접지 아닌 경우	부실자산
	임직원 주택 임차보증금	부실자산
	현장 임시숙소 임차보증금	실질자산
	건설업과 관련이 없는 보증금	겸업자산
투자자산 및 기타 비유동자산	회원권(골프, 콘도 등) 및 이용권	겸업자산
	투자 부동산, 해외지분 투자주식 등	겸업자산
무형자산	산업재산권(특허권, 실용신안권, 디자인권, 상표권)	실질자산
	외부 구입 소프트웨어(유형자산 사용에 한함)	실질자산
	기부채납 무상사용 수익권, 부동산 물권	실질자산
	그 외 무형자산	부실자산
조세채권	환급 확정 금액	실질자산
	환급 미확정 금액	부실자산
기타채권	대손처리할 채권, 부도어음, 회수완료 매출채권, 증빙 없는 매출채권	부실자산
	미수금, 미수수익, 선납세금, 선급비용, 이연법인세자산	

제 6 장

부채의 평가

자산 부채평가는 관련 법 및 지침에서 정하는 사항을 제외하고는 기업회계기준에 따라 평가합니다. 또 재무제표상의 계정과목이나 계정분류에도 불구하고 지침 제12조(자산 부채 및 자본의 평가)에 의거, 실질적 내용에 따라 규정을 적용하여야 합니다.

그리고 부채는 그 발생사유를 공사원가, 비용의 발생 및 관련 자산의 규모 등과 비교 분석하여 그 적정성 및 부외부채[71]의 유무를 평가하여야 합니다. 부외부채에는 재무상태표에 누락된 부채와 실질부채를 부실자산이나 겸업자산과 임의 상계한 부채 등으로 평정 시에 가감하여야 합니다.[72]

지침에서 부외부채는 ① 금융기관별로 금융거래확인서나 전체 금융기관의 신용정보조회서를 발급받아 차입금의 누락 여부, ② 60일간 은행거래실적증명을 통해 결산일 이후 지급한 금액 중 누락 여부, ③ 진단일까지 과세관청에 신고한 세무신고서를 제출받아 미지급세금 누락 여부 등

---

71) 부외부채는 현재 채무가 존재함에도 불구하고 장부에 계상되지 않은 부채.

72) 지침 제13조(부실자산 등) 2항에서 부실자산과 임의 상계된 부채, 발생원가 또는 비용을 누락한 금액, 자산의 과대평가 등에 따른 가공자산이나 부채를 누락한 부외부채, 미지급법인세 등을 실질자본에서 차감하도록 규정.

을 확인하도록 규정하고 있습니다.

자산과 반대로 부채는 지침에서 별도의 부실부채를 정의하지 않고 있으므로 재무상태표에 계상된 부채는 모두 실질부채로 간주하므로 부채의 평정에서는 부외부채와 충당부채[73]에 대한 확인이 중요합니다.

따라서 회계기간 중에 정산한 부채가 재무제표에 남아 있으면 연말 결산과정에서 제거하여 부채를 줄여야 실질자본 평정에 유리합니다. 주의할 점은 부실자산과 실질부채는 상계[74]할 수 없습니다.

---

73) 확정부채는 재무상태표일 현재 부채의 존재가 확실하여 지급할 금액이 확정된 부채로 매입채무, 미지급금, 차입금, 사채, 예수금 등을 말하며, 충당부채는 재무상태표일 현재 부채의 존재가 불확실하거나 지출의 시기 또는 금액이 불확실한 부채로 제품보증충당부채, 복구충당부채 등이 있음.

74) 부실자산과 실질부채를 상계할 경우 유동비율 개선효과, 부실자산 및 부채감소로 실질자본 증가, 부채비율 개선효과가 있음.

1. 차입금

● 정의

운영자금, 기계장치 취득, 사업장 매입 등을 목적으로 금융기관 등으로부터 조달한 자금을 차입금이라고 하며 당좌거래계약에 의한 당좌차월금액[75]도 포함됩니다. 차입금은 결산일로부터 1년 이내 상환될 단기차입금과 1년 이후 상환될 장기차입금으로 구분합니다.

● 평정

차입금은 차입 용도를 불문하고 원칙적으로 실질부채입니다. 금융거래확인서, 은행연합회 신용정보조회서 등을 징구하여 실재성을 확인하고 부외부채도 확인하여야 합니다.

특히 토지, 건물의 부동산등기부등본을 통하여 저당권 설정이나 담보제공(제3자) 여부 등을 확인하여 차입금의 누락이 있는지 또는 마이너스 대출과 신용정보조회서상 차입금 누락액이 있는지 등을 확인하여 누락된 부채는 부외부채로 반영하여야 합니다.

만일 차입금을 조달하여 대표이사 등 특수관계자에게 가지급금이나 대여금 등으로 인출하면 실질부채와 부실자산으로 각각 반영되므로 주의가 필요합니다.

---

75) 당좌차월금액은 단기차입금으로 분류.

차입금 요약

구분		실질부채 여부
사업, 대표이사 또는 제3자 대여목적 등 용도 차입금		실질부채
	- 특수관계자 대여	부실자산
	- 특수관계자 아닌 자에 대여	겸업부채
겸업자산 취득 용도 차입금		겸업부채

검토자료

검토자료	검토내용
계정명세서 및 계정원장	차입금 현황, 금액 확인
금융거래확인서, 공제조합 융자금 확인서, 신용정보조회서	실재성, 부외부채 확인
부동산 등기부등본	부외부채 확인

2. 충당부채

● 정의

충당부채는 지출의 시기 또는 금액이 불확실한 부채를 말하며 판매보증충당부채, 하자보수충당부채, 공사손실충당부채, 복구충당부채, 퇴직급여충당부채 등이 있습니다. 현재는 아니지만 미래 어느 시점에 일정 금액의 지출이 발생할 가능성이 매우 높을 것으로 예상되면 충당부채를 반영하여야 합니다.[76]

● 평정

지침에서 충당부채는 퇴직급여충당부채, 하자보수충당부채, 공사손실충당부채, 보증채무와 관련된 충당부채만 언급하고 있습니다.

퇴직급여충당부채, 보증채무와 관련된 충당부채는 기업회계기준에 따라 평가하도록 규정하고 있으며, 하자보수충당부채, 공사손실충당부채는 재무상태표에 계상하였을 경우에만 실질부채로 평가하도록 규정하고 있습니다.

▶ 퇴직급여충당부채

퇴직급여충당부채는 결산일 현재 모든 임직원이 일시에 퇴직할 경우에

---

76) 충당부채 인식요건으로 ① 과거사건의 결과로 현재의무(법적 또는 의제의무)가 존재하고, ② 당해 의무를 이행하기 위하여 경제적 효익을 갖는 자원이 유출될 가능성이 높고, ③ 당해 의무의 이행에 소요되는 금액을 신뢰성이 있게 추정할 수 있어야 함.

지급하여야 할 금액을 말합니다. 근로자퇴직급여보장법으로 퇴직연금제도를 채택하고 있으며 확정기여형 퇴직연금(DC형)과 확정급여형 퇴직연금(DB형)이 있습니다.

확정기여형 퇴직연금은 기업의 부담금이 사전에 확정되고 가입자인 임직원이 받을 퇴직금은 기업의 부담금으로 조성된 펀드 등[77]의 상품 운영실적에 따라 달라지는 퇴직연금을 말합니다. 따라서 기업은 금융기관에 부담금을 납입하면 퇴직급여에 대한 의무가 끝나므로 기업은 확정기여채무를 인식할 필요가 없습니다.

그러므로 확정급여형[78] 퇴직연금 제도를 채택하고 있는 기업의 퇴직급여충당부채가 재무상태표에 계상되어 있지 않으면 퇴직급여추계액을 충당부채로 계상하여야 합니다. 또 퇴직급여추계액보다 퇴직급여충당부채가 작으면 과소계상액을 실질부채에 반영하여야 합니다.

▶ 보증채무와 관련된 충당부채

보증채무와 관련된 충당부채는 기업회계기준에 따라 평정합니다. 따라서 보증채무 관련 충당부채가 계상되어 있지 않거나 과소계상되어 있으면 미계상액과 과소계상액을 충당부채로 반영하여야 합니다.

---

77) 『개념을 알면 쉬운 재무회계』(출처 : 김경호 외 3인 저)

78) 확정급여형 퇴직연금은 가입자인 임직원이 받을 퇴직급여가 사전에 확정된 퇴직금을 말함.

▶ 하자보수충당부채, 공사손실충당부채

하자보수충당부채, 공사손실충당부채는 재무상태표에 계상하였을 경우에만 실질부채로 평가하도록 규정하고 있습니다. 따라서 하자보수충당부채, 공사손실충당부채를 재무상태표에 계상하지 않은 경우에는 동 충당부채는 없는 것으로 간주하며 부외부채에도 해당되지 않습니다.

충당부채 요약

구분	내용
퇴직급여충당부채(DB형)	퇴직급여추계액보다 작은 경우 과소계상액 부채 반영
보증채무 관련 충당부채	재무상태표 미계상 시 계상액을 부채 반영
하자보수충당부채, 공사손실충당부채	재무상태표 계상 시 실질부채, 반영하지 않으면 부채는 없는 것으로 간주

검토자료

검토자료	검토내용
계정명세서 및 계정원장	충당부채 현황, 금액 확인
결산일 기준 급여대장	충당금 적정성, 실재성 확인
퇴직급여추계액명세서, 퇴직연금계약서	퇴직금액 확인 등

3. 이연법인세부채

이연법인세부채[79]는 겸업자본과 실질자본을 차감하는 부채로 보지 아니한다고 규정(지침 제25조 4항)하고 있습니다.

기업회계기준과 법인세법의 수익인식기준이 다르기 때문에 회계이익과 과세소득에 차이가 발생합니다. 이러한 차이로 인해 재무제표상 법인세보다 실제 부담세액이 더 작은 경우가 발생하는데 이 차이를 이연법인세부채라고 합니다.

79) 이연법인세부채는 미지급법인세 성격으로 차기 이후 법인세를 추가 부담하므로 가산할 일시적 차이라고도 함. 자세한 내용은 법인세회계 참조.

4. 기타 부채

기타 부채에는 매입채무,[80] 미지급금, 미지급비용, 가수금,[81] 예수금,[82] 선수금 등이 있습니다.

자산 부채평가는 관련 법 및 지침에서 정하는 사항을 제외하고는 기업회계기준에 따라 평가하며, 재무상태표에 계상된 부채는 모두 실질부채로 간주하고 있습니다. 따라서 회계기간 중 정산하고도 재무상태표에서 제거하지 않은 부채가 있으면 연말 결산과정에서 정리하여야 실질자본 평정에 유리합니다.

80) 매입채무를 누락하거나 또는 매출채권 대비 매입채무가 과소하거나 미지급금 누락 등에 주의. 부실자산과 실질부채는 상계할 수 없음.

81) 가수금은 일반적으로 경영자, 주주가 인출한 가지급금을 회수할 때 표기하는 계정과목으로 계정이 미확정 상태로 임시로 받아 두는 금액.

82) 예수금은 종업원이 급여에서 부담하여야 할 근로소득세, 부가가치세 등을 기업이 일시적으로 맡아 두었다가 일괄하여 세무서 등에 납부하는 금액.

5. 부채 계정과목 요약

계정과목	내용	실질부채 여부
차입금	사업, 대표이사 또는 제3자 대여목적 등 용도	실질부채
	- 특수관계자 대여	부실자산
	- 특수관계자 아닌 자에 대여	겸업부채
	겸업자산 취득 관련 용도	겸업부채
퇴직급여충당부채 (DB형)	퇴직급여추계액 100% 반영해야 함. 퇴직급여충당부채가 추계액보다 작으면 과소계상액을 부채에 반영	실질부채
보증채무와 관련된 충당부채	재무상태표 미계상 시 계상액을 충당부채에 반영	실질부채
하자보수충당부채	재무상태표 계상된 금액만 인정 재무상태표 계상하지 않으면 없는 것으로 간주함	실질부채
공사손실충당부채	재무상태표 계상된 금액만 인정 재무상태표 계상하지 않은면 없는 것으로 간주함	실질부채
이연법인세부채	겸업자본과 실질자본을 차감하는 부채로 보지 않음	부채로 미인식
미납세금	법인세신고서, 부가세신고서 등을 확인하여 미납부세액이 재무제표와 다르거나 누락된 경우 부외부채로 계상하여야 함	실질부채
우발부채	부채로 인식하지 않음	부채로 미인식

제 7 장

자본의 평가

자본은 자산총계에서 부채총계를 차감한 순자산 금액을 말합니다. 재무상태표의 자본은 납입자본금(보통주, 우선주), 자본잉여금, 자본조정, 기타포괄손익누계액, 이익잉여금 항목으로 구성되어 있습니다.

건설산업기본법 시행령의 업종별 면허 등록 기준자본금은 납입자본금을 의미하며, 기업진단지침에서 납입자본금은 법인등기사항으로 등기된 자본금으로 규정하고 있습니다.[83] 따라서 등기 완료가 안 된 회계상 자본금은 인정되지 않습니다.

건설업체는 법인등기부등본상의 자본금(납입자본금)과 진단대상사업 실질자본 모두가 건설산업기본법 시행령에서 규정하고 있는 등록 기준자본금 이상을 충족하여야 기업진단 시에 적격 판정을 받습니다.[84]

---

83) 신설법인의 경우 설립 시 등록 기준자본금에 맞추어 자본금을 납입하였으나 창업비 등의 설립비용 지출로 실질자본금이 부족한 경우가 발생할 수 있으므로 설립비용 등을 고려하여 자본금 예치 필요.

84) 건설산업기본법 시행령 [별표 2]의 자본금은 납입자본금을 의미. 자본금이 총자산에서 총부채를 뺀 금액보다 큰 때에는 총자산에서 총부채를 뺀 금액으로 한다.

자본은 법인등기부등본상의 납입자본금 즉 자본금액만 확인하면 되므로 별도 검토할 사항이 없습니다. 일반적으로 법인 설립 시에 등록 기준자본금 이상을 증자 및 등기하므로 납입자본금은 자본금 감자[85]를 하지 않는 이상 문제는 되지 않습니다.

그리고 건설업체가 다른 건설 업종을 추가하는 경우에는 기존 업종뿐만 아니라 추가 등록 업종의 납입자본금 모두가 업종별 등록 기준자본금 이상을 충족하여야 합니다.[86]

건설업종을 추가 신청하는 경우에는 자본금 중복 인정 특례로 자본금 감경을 받을 수 있습니다. 자본금 중복 인정 특례는 제9장에 설명하였습니다.

또 겸업사업자가 건설업을 신규등록 신청하는 경우에는 면허 등록기준 납입자본금을 보유해야 할 뿐만 아니라 실질자본도 충족하여야 합니다. 겸업사업자가 건설업을 신규등록 신청하는 경우 실질자본에 대한 내용은

---

85) 유상감자는 기업이 발행한 주식을 주주들로부터 유상으로 취득하여 소각하는 것으로, 주식을 소각하는 경우에는 현금이 유출되어 자본총계가 감소하므로 실질적 감자라고 함. 무상감자는 주주들에게 대가를 지급하지 아니하고 주당 액면금액을 감액시키거나 주식수를 일정비율로 감소시키는 것으로 현금유출도 없고 자본도 감소하지 않아 형식적 감자라 함. 유상감자 무상감자 모두 자본금은 감소하며, 자본총계는 유상감자만 감소하고 무상감자는 변동이 없음.

86) 자본금 변경 시 진단기준일은 자본금 변경등기일로 업종별 등록 기준자본금이 강화된 경우와 기준자본금이 미달되어 추가로 증자하는 경우만 해당되는 점에 주의. 따라서 두 가지 등기 원인이 아닌 경우의 진단기준일은 등록 신청월의 직전월 말일인 점에도 주의.

제8장 겸업자본의 평가에서 설명하였습니다.

지침은 또 적법한 세무신고 없이 장부상 이익잉여금 등 자본을 증액한 경우에는 실질자본에서 차감하도록 규정하고 있습니다. 이 경우는 대부분 분식회계처리로 이익잉여금을 증가시키는 경우에 해당합니다. 예를 들어 가수금을 전기오류수정이익으로 수정하였으나 세무조정에서 익금불산입한 경우에는 실질자본에서 차감하여야 합니다.

제 8 장

겸업자본의 평가

1. 겸업자본

● 정의

겸업자본은 겸업자산에서 겸업부채[87]를 차감한 금액을 말합니다. 진단평가서 작성 시트에서 겸업자산과 겸업부채를 직접 평정할 수 없어 별도 계산하여 반영하여야 합니다.

겸업사업이란 진단대상사업 즉 건설업 이외의 모든 사업을 말하며 동일 업종 내에서는 겸업사업에 해당되지 않습니다. 겸업사업은 사업자등록증 업종, 매출구성, Kiscon 등록사항 등을 통해 확인할 수 있으며 지침 제3조에 의거, 실질에 따라 판단하여야 합니다.

● 평정

겸업자본은 먼저 회사제시 자산과 부채에서 부실자산, 부외부채, 수정

---

87) 겸업자산과 겸업부채는 ① 열거 겸업자산·부채, ② 실지귀속 겸업자산·부채, ③ 공통자산을 겸업비율로 안분한 공통겸업자산·부채로 구성. 실질자산(부채)에는 진단대상사업 실질자산(부채)과 겸업자산(부채)이 포함된 개념이므로 겸업자산과 겸업부채는 별도로 산출해야 함(제4장 실질자본 참조).

사항을 가감하여 실질자산과 실질부채를 계산합니다.

다음으로 실질자산과 실질부채의 각 계정과목에 포함되어 있는 겸업자산과 겸업부채를 구분 집계하여 겸업자산과 겸업부채를 구합니다. 마지막으로 실질자산과 실질부채에서 산출한 겸업자산과 겸업부채를 차감하여 진단대상사업 실질자산과 실질부채를 계산합니다.

▶ 겸업자산

겸업자산은 ① 열거 겸업자산 ② 진단대상사업 외 겸업사업에 사용되는 자산,[88] ③ ①과 ②에 공통 사용되는 공통자산으로 겸업비율에 따라 안분 계산된 겸업자산으로 구성되어 있습니다.

겸업자산 = 열거 겸업자산 + 겸업사업에 사용되는 자산 +
(공통자산 × 겸업비율)

지침, 열거 겸업자산

구분	겸업자산	관련규정
1	질권 설정 등 사용 또는 인출이 제한된 예금	지침 제15조
2	비상장주식	지침 제7조, 제16조
3	인출 또는 사용제한된 상장주식	지침 제16조
4	특수관계자 이외의 자에 대한 대여금 및 가지급금	지침 제19조
5	임대 또는 운휴 중인 자산	지침 제7조
6	지침에 별도 규정이 없는 투자자산과 비유동자산	지침 제22조

88) 비건설업 매출채권(지침 제17조 1항), 비건설업 재고사산(지침 제18조 4항), 비건설업 임차보증금(지침 제21조 4항).

▶ 겸업부채

겸업부채는 ① 열거 겸업자산과 직접 관련된 부채, ② 진단대상사업 외 겸업사업에 사용되는 부채, ③ ①과 ②에 공통 사용되는 공통부채로 겸업비율에 따라 안분 계산된 겸업부채로 구성되어 있습니다.

겸업부채 = 열거 겸업자산과 직접 관련된 부채 + 겸업사업에
사용되는 부채 + (공통부채 × 겸업비율)

▶ 겸업비율

진단대상사업과 겸업사업을 상시 구분경리하여 실지귀속이 분명한 경우에는 실지귀속에 따라 겸업자산과 겸업부채를 구합니다.

상시 구분경리에 의해 겸업자산과 겸업부채가 구분되지 않는 경우의 공통자산과 공통부채는 겸업비율에 의하여 겸업자산과 겸업부채를 산정하여야 합니다. 겸업비율은 원칙적으로 진단기준일이 속하는 회계연도의 각 사업별 수입금액(매출액) 비율로 합니다.

만일 하나 또는 그 이상의 사업에서 수입금액이 없으면 사용면적, 종업원 수 등의 합리적인 방식으로 산정한 겸업비율을 사용합니다. 다른 등록기준자본금이 있는 업종의 경우에는 자본금비율로 겸업비율을 사용하는 것도 가능합니다.

겸업비율 요약

겸업비율	내용
① 사업별 수입금액(매출액) 비율	원칙
② 종업원 수, 사용면적 등 합리적 비율	사업별 수입금액이 없는 경우
③ 자본금 비율	다른 등록 기준자본금이 있는 경우

▶ 겸업자본

겸업자본은 겸업자산에서 겸업부채를 차감하여 계산하며, 건설업체가 기준자본금이 있는 겸업사업을 함께 영위하고 있는 경우에는 매출실적과 관계없이 반드시 겸업자본을 차감하여 실질자본을 계산하여야 합니다.

그리고 등록 기준자본금이 있는 겸업사업을 영위하고 있는 건설업체의 겸업자본금이 그 기준자본금에 미달하는 경우에는 기준자본금을 겸업자본금으로 합니다.

2. 겸업자본 심사 예시

진단평가서 작성 시트를 이용한 토목공사업과 도매업을 영위하는 (주) abc건설의 진단대상사업 실질자본 평정 예시로 겸업비율을 50%로 가정하였습니다.

진단평가서

(단위 : 백만원)

계정과목	회사제시 금액	평정		평정 후 금액	설명
		차변	대변		
유동자산	1,700			1,008	
- 현금및현금성자산	100		92	8	자본총계 1% 초과액은 부실자산
- 예금	500		400	100	Min(30일 평잔 1억, 잔액 5억)
- 공사미수금	500		200	300	2억원은 발생일로부터 2년 경과
- 대여금	300			300	특수관계 아닌 제3자 대여금
- 원재료	300			300	취득일로부터 1년 이내, 실재 보유 건설업 1억, 도매업 2억
비유동자산	400			400	
- 매도가능증권	300			300	공제조합 출자금 1억, 비상장주식 2억
- 임차보증금	100			100	구분불가
자산총계	**2,100**	**0**	**692**	**1,408**	
(겸업자산)				**(750)**	열거겸업자산(대여금 3억 + 비상장주식 2억) + 겸업사업 자산(원재료 2억) + 공통자산(1억 × 50%)
유동부채	1,000			1,000	
- 매입채무	500			500	건설업 4억, 도매업 1억
- 차입금	300			300	건설업 2억, 도매업 1억
- 예수금	200			200	구분불가
비유동부채	300			300	
- 퇴직급여충당부채	300			300	구분불가
부채총계	**1,300**	**0**	**0**	**1,300**	

(겸업부채)				**(450)**	열거겸업자산 취득관련 부채 0 + 겸업사업 부채(매입채무 1억 + 차입금 1억) + 공통부채[(예수금 2억 + 퇴직급여충당부채 3억) × 50%]
자본금	500				토목공사업 등록기준자본금 5억원
이익잉영금	300				
자본총계	**800**			**108**	

* 주 : 차변(가산항목)에 자산증가, 부채감소 대변(차감항목)에 자산감소, 부채증가를 기록

(주)abc건설의 진단결과 납입자본금은 기준자본금 500백만원을 충족하였으나 진단대상사업 실질자본은 (-)192백만원으로 등록 기준자본금에 미달하여 부적격으로 처리됩니다.

따라서 매년 재무제표를 결산하기 전에 가결산을 통하여 진단대상사업의 실질자본이 충족되는지를 검토하여 대비할 필요가 있습니다.

진단결과

(단위 : 백만원)

과목	금액	과목	금액	겸업 내용
회사제시자산총계(i)	2,100	회사제시부채총계(iv)	1,300	도매업 비중 50%
자산증가(ii)	0	부채증가(v)	0	
자산감소(iii)	692	부채감소(vi)	0	
실질자산(I) (i) + (ii) - (iii)	1,408	실질부채(II) (iv) + (v) - (vi)	1,300	**실질자본 108** (I - II)
겸업자산(vii)	750	겸업부채(viii)	450	**겸업자본 300** (vii - viii)
진단대상사업의 실질자산(III) (I) - (vii)	658	진단대상사업의 실질부채(IV) (II) - (viii)	850	
진단대상사업 실질자본(V) (III) - (IV)	(- 192)			

* 진단대상사업 실질자본은 실질자본에서 겸업자본을 차감(- 192 = 108 - 300)해서 구할 수도 있음

3. 겸업사업자가 건설업 신규등록 신청 시 실질자본 평가

제조업, 정보통신공사업 등 다른 업종을 영위하는 업체가 건설업 면허를 신규 취득하는 경우입니다.

겸업사업을 영위하는 자가 건설업을 신규등록 신청하는 경우에는 진단대상업종(건설업)의 등록기준 자본금 이상 납입자본금을 보유해야 하며, 실질자본도 충족하여야 합니다.[89]

단, 기준자본금이 있는 겸업사업자의 납입자본금은 겸업업종의 기준자본금과 진단대상업종의 기준자본금 합계액 이상이어야 합니다.

겸업사업자의 납입자본금이 진단대상업종 등록기준 자본금에 미달하는 경우에는 전액 증자를 하거나 또는 일부 차액만 증자를 할 수도 있습니다. 증자는 유상증자와 무상증자 모두 가능합니다.

주의할 점은 증자일 현재 완전자본잠식[90] 기업은 건설업을 신규등록 신청할 수 없으며, 부분잠식 기업은 신청이 가능합니다.

진단대상업종의 실질자본은 ① 겸업사업자의 납입자본금과 이익잉여

---

89) 겸업사업자가 건설업을 최초 등록신청하는 경우에는 진단기준일 현재 자산과 부채는 겸업자산과 겸업부채로 평가하므로 진단대상 업종의 납입자본금과 실질자본을 충족하기 위해서는 증자 또는 이익잉여금의 유보가 필요하며 해당 증자액과 유보액은 별도예금으로 일정기간 예치하여야 함.

90) 완전자본잠식은 자본총계가 (-) 경우임.

금이 진단대상업종 등록기준 자본금 이상인 경우에는 증자 없이 주주총회 또는 이사회를 통해 진단대상업종에 사용할 것으로 이익잉여금을 유보 결의하고 별도 예금으로 예치하면 됩니다. 전액을 증자하고 별도 예금으로 예치하는 방법도 가능합니다.

② 겸업사업자의 납입자본금이 진단대상업종 등록기준 자본금에 미달하거나 또는 이상인 경우에는 일부만 증자하고 이익잉여금 중에서 진단대상업종에 사용할 것으로 유보 결의한 경우에는 그 증자액과 유보액을 별도 예금으로 예치하여야 합니다. 전액을 증자하고 별도 예금으로 예치하는 방법도 가능합니다.

별도 예금으로 예치한 증자액과 이익잉여금 유보액은 건설업 등록 심사일까지 유지(최소 30일 이상)해야 하며, 지침 제15조에 의거 예금평가방법에 따라 평가합니다.[91] 그리고 진단기준일 포함 60일간의 은행거래내역을 확인하여 가공예금, 일시예금, 사용제한예금 등을 확인하여야 합니다.

예를 들면 제조업을 영위하는 겸업사업자(납입자본금 2억원, 이익잉여금 5천만원)가 실내건축공사업(기준자본금 1.5억원)을 신규등록 신청하는 경우에는 유보액 5천만원과 증자액 1억원을 별도예금으로 최소 30일

---

91) 별도예금으로 예치 후 60일이 경과한 날이 속하는 달의 직전월 말일을 진단기준일로 하여 진단.

이상 예치하여야 합니다.

겸업사업자가 건설업 신규등록 신청 시에 납입자본금과 진단대상업종의 실질자본 유지를 위한 증자액과 이익잉여금 유보액에 대한 사례는 아래 표를 참고하시기 바랍니다.

증자 및 이익잉여금 유보 사례

<table>
<tr><th rowspan="2">구분</th><th colspan="2">겸업사업자</th><th>실내건축공사업
신규등록</th><th rowspan="2">증자액
유보액</th></tr>
<tr><th>납입자본금</th><th>이익잉여금</th><th>기준자본금</th></tr>
<tr><td rowspan="4">기준자본금 없는 겸업사업자
(예 : 제조업)</td><td>2억원</td><td>5천만원</td><td>1.5억원</td><td>유보액 5천만원
증자액 1억원</td></tr>
<tr><td>1억원</td><td>1억원</td><td>1.5억원</td><td>증자액 5천만원
유보액 1억원</td></tr>
<tr><td>1.5억원</td><td>3억원</td><td>1.5억원</td><td>유보액 1.5억원
증자액 없음</td></tr>
<tr><td>2억원</td><td>(-)5천만원</td><td>1.5억원</td><td>유보액 없음
증자액 2억원</td></tr>
<tr><td rowspan="2">기준자본금 있는 겸업사업자
(예 : 정보통신공사업 기준자본금 1.5억원)</td><td>1.5억원</td><td>2억원</td><td>1.5억원</td><td>증자액 1.5억원
유보액 없음</td></tr>
<tr><td>2억원</td><td>3억원</td><td>1.5억원</td><td>증자액 1억원
유보액 5천만원</td></tr>
</table>

4. 무면허 건설사업자가 신규등록 신청 시 자산 부채평가

건설업은 건설산업기본법 제8조(건설업의 종류) 및 동법 시행령 제7조(건설업의 업종), 동법 시행령 제8조(경미한 건설공사 등)[92]에 따른 건설업을 말합니다.

따라서 면허 없이 건설업 영위 중 건설업 면허를 신규 신청하는 경우에는 동법 시행령 제8조에 의거 진단기준일 현재 경미한 공사(공사예정금액이 종합건설업은 5천만원 미만, 전문건설업은 1천5백만원 미만)와 관련된 자산과 부채는 실질자산으로 인정받을 수 있습니다.[93]

---

92) 경미한 공사는 ① 건설산업기본법 시행령 [별표 1]에 따른 종합공사를 시공하는 업종과 그 업종별 업무내용에 해당하는 건설공사로서 1건 공사의 공사예정금액이 5천만원 미만인 건설공사와, ② 건설산업기본법 시행령 [별표 1]에 따른 전문공사를 시공하는 업종, 업종별 업무분야 및 업무내용에 해당하는 건설공사로서 공사예정금액이 1천5백만원 미만 건설공사(단, 가스시설공사, 철강구조물공사, 삭도설치공사, 승강기설치공사, 철도궤도공사, 난방공사는 제외), ③ 조립·해체하여 이동이 용이한 기계설비 등의 설치공사(당해 기계설비 등을 제작하거나 공급하는 자가 직접 설치하는 경우에 한함).

93) 국토해양부 질의회신(2012. 2. 22.).

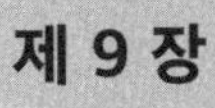

제 9 장

자본금 중복 인정 특례

건설업종을 보유 중인 기업이 다른 건설업종을 추가 신청하는 경우 자본금에 대한 중복 특례[94]를 1회[95]에 한하여 인정하고 있으며, 신설법인이 2개 면허를 동시에 신청하는 경우에도 중복 특례가 인정됩니다.

건설업체가 보유하고 있는 건설업종의 기준자본금(보유 업종이 둘 이상인 경우는 기준자본금이 큰 업종)의 2분의 1을 한도로 1회에 한하여 추가 등록하려는 다른 건설업종(다수의 경우는 기준자본금이 큰 업종)의 기준자본금의 2분의 1에 해당하는 자본금을 이미 갖춘 것으로 인정한다는 것입니다.

즉 기존 건설업종 기준자본금의 1/2과 추가 등록신청 건설업종 기준자본금의 1/2 중 적은 금액을 자본금 중복인정 특례로 감경을 받을 수 있습니다.

자본금 감경액 = Min(기존 건설업종 × 1/2, 추가 건설업종 × 1/2)

---

94) 건설산업기본법 시행령 제16조.

95) 1회란 자본금과 기술능력에 대한 각각 한 번의 횟수를 말함(건설업관리규정).

예를 들어 토목공사업(기준자본금 5억) 보유 업체가 철근콘크리트공사업(기준자본금 1.5억), 시설물유지관리업(기준자본금 2억)을 추가 등록하는 경우에 특례를 적용하면 1억원을 감경받아 필요 자본금은 7.5억이 됩니다.

자본금 중복 인정 특례 사례

구분	보유업종 1	보유업종 2	추가업종 1	추가업종 2	자본금 감경액
case 1	토목공사 (기준 5억)	-	철근콘크리트 공사 (기준 1.5억)	시설물 유지관리 (기준 2억)	(원칙) 8.5억 (5 + 1.5 + 2) (특례) 7.5억 (5 + 1.5 + 1)
case 2	시설유지관리 (기준 2억)	토목공사 (기준 5억)	상하수도공사 (기준 1.5억)	조경공사 (기준 5억)	(원칙) 13.5억 (2 + 5 + 1.5 + 5) (특례) 11억 (2 + 5 + 1.5 + 2.5)

자본금 중복 특례를 인정받은 건설업체 중에 15년 이상 건설업을 영위한 건설업자로 최근 10년간 영업정지 처분이나 법 위반에 따른 벌칙을 받지 아니한 건설업자는 1회에 한하여 추가로 특례를 인정받을 수 있습니다.

▶ 자본금 중복 인정 이후 폐업하는 경우

등록기준 특례를 신청하지 않고 업종 2개를 보유한 업체가 1개 업종을 폐업한 후 폐업한 업종과 동일한 업종을 재등록하는 경우에는 등록신청일이 폐업일부터 6개월을 초과한 경우에는 특례 인정을 받을 수 있으며, 특례 인정을 받은 업종을 폐업한 후 다시 등록하는 경우에는 특례 인정을

받을 수 없습니다.[96)]

특례 인정을 받은 업종을 폐업한 후 다시 등록하는 경우에는 특례 인정을 받을 수 없으며, 1개 업종을 보유한 자가 추가 등록을 통해 인정을 받은 후 기존업종을 폐업하는 경우에는 추가 등록한 업종이 건설업 등록기준에 충족하도록 보완하여야 합니다.

2개 이상의 업종을 보유한 자가 추가 등록을 통해 특례인정을 받은 후 기존 업종을 폐업하는 경우에는 폐업하는 업종의 등록기준 등에 따라 자본금 및 기술능력의 보완 여부를 판단하여야 합니다.

---

96) 건설업 관리규정 제2장.

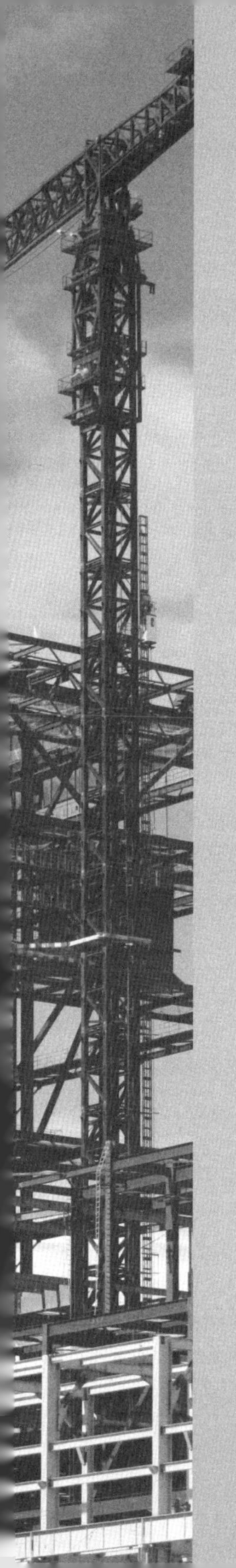

제10장

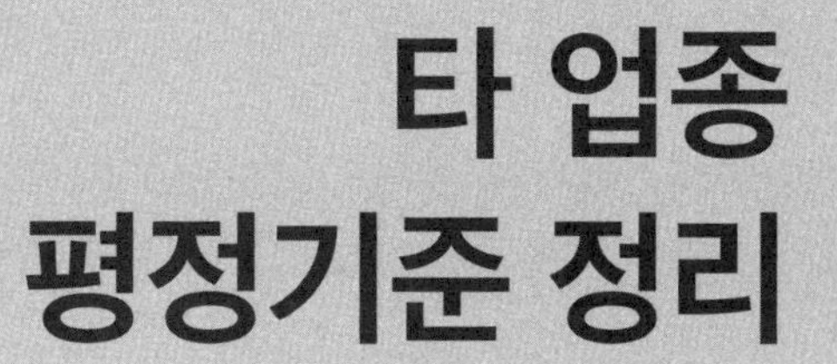

타 업종 평정기준 정리

등록 업체 수가 많은 전기공사업, 정보통신공사업, 소방시설공사업, 의약품도매상 업종 위주로 주요 평정기준을 정리하였습니다. 건설업체 실질자본 평가 방법과 동일하므로 내용이 없는 부분은 건설업 기업진단지침을 준용하여 평정하면 됩니다.[97]

전기공사업 vs 정보통신공사업

구분		전기공사업	정보통신공사업
평정 및 등록 관련 규정		전기공사업 운영요령 전기공사업법 제4조(공사업의 등록) 전기공사업법 시행령 제6조(공사업의 등록 등)~제15조 전기공사업법 시행규칙 제3조(등록신청 등)	정보통신공사업기업진단요강 정보통신공사업법 시행령 제16조(공사업의 등록신청 등)~제22조
예금평가기준		평균잔액과 진단기준일 현재의 예금잔액 중 적은 금액 (지식경제부 2013.3.22. 질의회신)	평균잔액
예금 평잔	기존	진단기준일 전일부터 역산하여 20일간(최소 22일 이상 은행거래내역 확인)	좌동
	신설	설립등기 후 20일 이내의 날을 진단기준일로 하는 경우에는 진단일 전일부터 역산하여 20일간 (최소 21일 이상 은행거래내역 확인)	좌동
		신설법인이 설립등기일로부터 20일 이내의 날을 진단일로 하여 제시한 제예금은 부실자산	-
		발기인 통장 평잔 계산 시 불인정	좌동

97) 업종별 진단기준일은 제3장의 '3. 진단기준일' 참조.

현금 인정한도	자산총계의 2% 한도 2% 초과 현금은 부실자산	좌동
매출채권	발생일로부터 1년 경과 시 부실채권 다만 국가, 지자체, 공공기관은 제외 법인세법상 대손충당금 설정	좌동
유가증권	취득원가 평가원칙 상장주식은 저가법	좌동
	조합, 신용보증기관 출자금은 기준일 지분평가액, 단 담보제공 시 차입금액, 압류 시는 압류액만큼 차감	조합출자금은 기준일 지분평가액. 출자 위해 예치한 출자예정금액은 전액
가지급금	임직원에 대한 1월 이내 급여 선급액은 실질자산. 초과금액은 부실자산	좌동
대여금	원칙 : 겸업자산	좌동
	예외 : 종업원, 우리사주조합 대여금은 실질자산	좌동
보증금	시가초과 보증금은 부실자산, 계약 · 하자보수 · 영입 보증금은 보증기간 내의 것만 자산 인정, 기간 경과 후 보증기관의 보관증명서로 확인된 것만 자산 인정	-
유형자산	법인세법에 따라 감가상각 (임의상각 불인정)	좌동
재고자산	자산총액의 10% 초과금액은 겸업자산 (판매자산으로 간주)	좌동
부채	외화부채는 진단기준일 현재 대고객전신환매도율로 평가	좌동
	감가상각비, 퇴직급여충당금은 법인세법상 계상금액 인정, 장부상 세법초과 설정 시 장부가액대로 인정	좌동
겸업비율	수익금액비율. 유형자산비율, 기준자본금 비율 중 합리적 방식 선택	수익금액비율, 고정자산비율, 기준자본금 비율 중 합리적 방식 선택

소방시설공사업 vs 의약품도매상

구분		소방시설공사업	의약품도매상
평정 및 등록관련 규정		소방시설공사업기업진단요령 소방시설공사업법 제4조(소방시설업의 등록) 소방시설공사업법 시행령 제2조(소방시설업의 등록기준 및 영업범위) 소방시설공사업법 시행규칙 제2조(소방시설의 등록신청)	의약품도매상기업진단요령 약사법 제45조(의약품판매업의 허가) 약사법 시행령 제31조(한약업사및 의약품도매상 등의 시설기준) 약사법시행규칙 제36조(의약품도매상의 허가신청)~제38조 동물용의약품취급규칙 제16조(동물의약품등의 수입품목 허가 등)~제20조
예금평가기준		평균잔액	평균잔액
예금 평잔	기존	진단기준일 전일부터 역산하여 20일간(최소 은행거래내역은 예금평잔 시작일부터 진단일까지 확인)	진단기준일 전일부터 역산하여 1개월 이상 기간 (최소 32일 이상 은행거래내역 확인)
	신설	법인 명의의 통장개설일로부터 진단일 전일까지 기간. 신설법인이 설립 등기일로부터 20일 이내의 날을 진단일로 하여 제시한 제예금은 부실자산. 발기인 통장 평잔 계산 시 불인정	신규신청 또는 신설법인은 진단일 전일부터 역산하여 1개월 이상 기간. 발기인 통장 평잔 계산 시 불인정
현금 인정한도		자산총계의 2% 한도 2% 초과 현금은 부실자산	자산총계의 3% 한도 3% 초과 현금은 부실자산
매출채권		발생일로부터 1년 경과 시 부실채권. 다만 국가, 지자체, 공공기관은 제외. 법인세법상 대손충당금 설정	발생일로부터 6개월 경과 시 부실채권(국가, 지자체는 1년). 법인세법상 대손충당금 설정. 신규 신청자 매출채권, 미수금은 불인정
유가증권		취득원가 평가원칙, 상장주식은 저가법	좌동
		조합과 금융회사 출자금은 기준일 지분평가액, 단 담보제공 시 차입금액, 압류 시는 압류액만큼 차감	유가증권총액이 자산총액의 20% 초과금액은 겸업자산

가지급금	임직원에 대한 1월 이내 급여 선급액은 실질자산. 초과금액은 부실자산	좌동
대여금	원칙 : 겸업자산	좌동
	예외 : 종업원, 우리사주조합 대여금은 실질자산	-
보증금	시가초과 보증금은 부실자산	좌동
	계약, 하자보수, 영업 보증금은 보증기간 내의 것만 자산 인정 기간 경과 후 보증기관의 보관증명서로 확인된 것만 자산 인정	임차보증금이 자산총액의 50% 초과금액은 부실자산 신규 신청자에 한해 전도금, 선급금, 영업보증금은 부실자산
유형자산	법인세법에 따라 감가상각 (임의상각 불인정)	좌동. 취득가액 불분명시 부동산과세표준 또는 감정가액
재고자산	자산총액의 10% 초과금액은 겸업자산(판매자산으로 간주)	-
	-	시가가 취득가보다 현저하게 하락하여 회복할 가능성이 없다고 인정되는 경우는 시가평가. 신규 신청자에 한해서는 부실자산 처리
부채	외화부채는 진단기준일 현재 대고객전신환매도율로 평가	-
	감가상각비, 퇴직급여충당금은 법인세법상 계상금액 인정, 장부상 세법초과 설정 시 장부가액대로 인정	퇴직급여충당금은 기업회계기준에 따라 충당
겸업비율	수익금액비율. 유형자산비율, 기준자본금 비율 중 합리적 방식 선택	수입금액비율, 비유동자산비율 중 합리적 방식 선책

부록

▪ 건설업 재무관리상태 진단보고서

진단자 소속협회 경유

재무관리상태진단보고서

진 단 구 분	1. 신규등록 2. 기타( )			
상 호			대 표 자	
소 재 지			전 화 번 호	
진단 기준일	년 월 일			
구 분	등록업종 종류	등록기준자본	평정 후 실질자본	진단의견
기존		원	-	-
		원		
		원		
신규 (신고 등)		원	원	
계		원	원	-

* 진단내역

과 목	금 액	과 목	금 액	겸 업 내 용
회사제시자산총계(i)		회사제시부채총계(iv)		
자산증가(ii)		부채증가(v)		
자산감소(iii)		부채감소(vi)		
실질자산(I) (i) + (ii) - (iii)		실질부채(II) (iv) + (v) - (vi)		
겸업자산(vii)		겸업부채(viii)		
진단대상사업의 실질자산(III) (I) - (vii)		진단대상사업의 실질부채(IV) (II) - (viii)		
진단대상사업실질자본(V) (III) - (IV)				

상기의 실질자본은 건설업체 기업진단지침에 의거 진단하였음을 확인합니다.

년 월 일

* 진단자
  - 진단자 상호·명칭(대표자) :
  - 사무소소재지 : (Tel : , Fax :)
  - 담당공인회계사(세무사, 경영지도사) : 등록번호 성명 (서명 또는 인)
  - (진단자)법인등록번호 : 사업자등록번호 :

  ※ 전문경영진단기관의 경우 고용된 공인회계사·세무사·경영지도사 모두 기재·날인한다.

(제출기관) 귀하

▪ 건설업 진단평가서

진 단 평 가 서

년 월 일 현재

□ 등록번호 :

□ 업 체 명 :

(단위 : 원)

과 목	회사제시금액	평 정		평정 후 금액
		차 변	대 변	
1. 유동자산				
(1) 당좌자산				
① 현금 및 현금성자산				
② 단기투자자산				
③ 매출채권				
- 대손충당금				
④ 가지급금				
⑤ 단기대여금				
⑥ 미수금				
⑦ 미수수익				
⑧ 선급금				
⑨ 선급비용				
⑩ 선급공사원가				
⑪ 선납세금				
⑫ 부가세선급금				
⑬ 전도금				
⑭ 기타				
(2) 재고자산				
① 원재료				
② 가설재				
③ 수목				
④ 용지				
⑤ 미성공사				
⑥ 미완성주택				

⑦ 완성주택				
⑧ 기타				
2. 비유동자산				
(1) 투자자산				
① 장기금융상품				
② 매도가능증권				
③ 만기보유증권				
④ 장기대여금				
⑤ 투자부동산				
⑥ 기타				
(2) 유형자산				
① 토지				
② 건물				
- 감가상각누계액				
③ 건설장비				
- 감가상각누계액				
④ 차량운반구				
- 감가상각누계액				
⑤ 건설중인자산				
⑥ 기타				
(3) 무형자산				
① 사용수익권				
② 지적재산권				
③ 부동산물권				
④ 기타				
(4) 기타비유동자산				
① 임차보증금				
② 기타보증금				
③ 기타				
(겸 업 자 산)			( )	
자 산 총 계				

과 목	회사제시금액	평 정		평정 후 금액
		차 변	대 변	
1. 유동부채				
① 단기차입금				
② 매입채무				
③ 공사미지급금				
④ 공사선수금				
⑤ 분양선수금				
⑥ 미지급금				
⑦ 미지급비용				
⑧ 예수금				
⑨ 부가세예수금				
⑩ 미지급세금				
⑪ 가수금				
⑫ 기타				
2. 비유동부채				
① 장기차입금				
② 퇴직급여충당부채				
③ 하자보수충당부채				
④ 임대보증금				
⑤ 기타				
(겸 업 부 채)		( )		( )
부 채 총 계				
1. 자본금				
2. 자본잉여금				
3. 자본조정				
4. 기타 포괄손익누계액				
① 매도가능증권평가이익				
② 유형자산평가이익				
③ 기타				
5. 차기이월이익잉여금 (또는 이월결손금)				
(진 단 조 정)		( )		( )
자 본 총 계				
부채와 자본총계				

겸업자산 및 겸업부채에 대한 계산 내역

(1) 겸업자산 = 겸업사업에 제공된 자산 + 겸업자산으로 열거한 자산 + 진단대상사업과 겸업사업에 공통으로 사용된 자산 × 겸업비율

겸업자산		겸업사업에 제공된 자산		겸업자산으로 열거한 자산		진단대상사업과 겸업사업에 공통으로 사용된 자산		겸업비율
( )	=	( )	+	( )	+	( )	×	( )

(2) 겸업부채 = 겸업사업 및 겸업자산으로 열거한 자산과 관련하여 발생한 부채 + 진단대상사업과 겸업사업에 공통으로 발생한 부채 × 겸업비율

겸업부채		겸업사업 및 겸업자산으로 열거한 자산과 관련하여 발생한 부채		진단대상사업과 겸업사업에 공통으로 발생한 부채		겸업비율
( )	=	( )	+	( )	×	( )

(3) 겸업비율 계산기준 : , 겸업비율( )%

▪ 건설업 실태조사 관리규정[시행 2020.4.20.]

1. 조사기관

조사기관은 국토교통부장관 또는 건설사업자의 주된 영업소소재지를 관할하는 시·도지사 또는 시장·군수·구청장(이하 "시·도지사 등"이라 한다)

2. 조사대상업자 선정

국토교통부장관은 다음 방법에 의거 수집된 정보를 토대로 조사대상업자 선정기준을 마련하여, 이에 따라 조사대상업자를 선정한 다음 실태조사를 실시하거나 선정된 조사대상업자를 시·도지사 등에게 통보하여 실태조사를 실시하도록 한다. 시·도지사 등은 국토교통부장관으로부터 통보받은 조사대상업자 외에 실태조사가 필요하다고 인정하는 건설사업자를 포함하여 실태조사를 실시할 수 있다.

가. 기술능력

(1) 종합건설업자 : 한국건설기술인협회로부터 건설업자별 건설기술자 현황을 제출받아 기술능력 미달 협의업체 추출

(2) 전문건설업자 : 건설업자로부터 건설기술자 또는 기술자격취득자 보유현황을 제출받아 기술능력 미달 협의업체 추출

나. 자본금 : 실태조사 시 국토교통부장관이 별도의 기준을 정하여 미달 협의업체 추출

다. 시설·장비·사무실

(1) 시설 : 제작장 및 현도장은 등기부등본 등을 제출받아 미달 협의업체 추출(철강재 설치공사업)

(2) 장비 : 장비 중 건설기계관리법 기타 법령의 적용을 받는 장비는 해당법령에 의한 등록증을, 그 이외의 장비는 보유하고 있음을 증명하는 서류를 제출받아 미달 협의업체 추출

(3) 사무실 : 건물등기부등본, 임대차계약서, 건축물대장, 지방세세목별과세증

명서(건물등기부등본이 없는 경우에 한함)를 제출받아 미달 협의업체 추출

라. 보증가능금액확인서 : 보증기관으로부터 보증가능금액확인서 정보를 제출받아 미달 협의업체 추출

3. 조사기준일

건설업 등록기준 충족 여부를 판단하기 위한 조사기준일은 다음과 같이 한다.

가. 기술능력 : 전년도 실태조사 조사일(국토교통부장관이 실태조사 실시를 시·도지사 등에게 통보한 날을 말한다. 이하 같다.) 이후부터 조사일 현재

나. 자본금 : 조사일 직전연도의 정기연차 결산일

다. 시설·장비·사무실, 보증가능금액확인서 : 조사일 현재

4. 조사방법

조사는 서면심사 또는 방문조사 등의 방법으로 실시한다.

5. 조사실시

가. 조사기관은 실태조사 시작 7일 전까지 조사일시, 조사이유 및 조사내용 등 조사계획을 미리 조사대상업자에게 알려야 한다. 다만, 긴급한 경우나 사전에 알리면 증거인멸 등으로 조사목적을 달성할 수 없다고 인정하는 경우에는 미리 알리지 아니할 수 있다.

나. 현지를 방문하여 조사를 실시하는 경우 조사를 담당하는 공무원은 그 권한을 표시하는 증표를 지니고 이를 관계인에게 보여 주어야 하고, 조사 관련 장소에 출입할 때에는 성명, 출입시간, 출입목적 등이 표시된 문서를 관계인에게 보여 주어야 한다.

6. 자료제출 요구〈삭제〉

7. 실태조사 처리방법

가. 종합공사를 시공하는 업종은 위탁받은 기관(이하 "대한건설협회"라 하며, 시·도회를 포함함)이 실태조사 중 등록기준의 적합 여부를 확인하고, 주된 영업소를 관할하는 시·도지사가 처리한다.

나. 전문공사를 시공하는 업종은 주된 영업소 소재지를 관할하는 시장·군수·구청장이 처리한다.

다. 등록기준의 적합 여부를 확인하는 기관은 조사대상업자에게 기한을 정하여 조사에 필요한 자료의 제출을 요구할 수 있으며, 제출된 자료가 미비할 경우에는 추가자료의 제출을 요구할 수 있다.

8. 건설업 등록기준의 적격 여부 확인

가. 기술능력

(1) 기술능력의 적격 여부 확인은 「건설업 관리규정」 제2장 제3항 가목에 준하여 처리하며, 필요한 경우 근로소득원천징수영수증·급여 통장사본 등을 추가로 제출받아 확인한다.

(2) 조사기준일 현재 퇴사한 기술인력의 고용보험 피보험자격 이력내역서를 조사대상업자로부터 제출받기 어려운 경우에는 조사기관이 근로복지공단으로부터 직접 제출받아 확인한다.

(3) 주민등록표 등을 통하여 재학·군복무·해외체류·사망·연령(20세 이하, 70세 이상) 등을 감안할 때 정상근무가 곤란한 경우가 있는지 확인한다.

(4) 기술능력 보유현황 확인은 [별지 1]의 「기술자보유 현황표」를 활용할 수 있다.

나. 자본금

(1) 조사대상업자의 조사기준일의 재무제표를 검토하여 등록기준 미달 확인 시 제제처분 절차에 착수한다. 다만, 조사기준일 이후 법 제17조 제1항 제1

호 및 제2호의 양도·양수, 합병 또는 업종추가 등의 사유로 재무관리상태 진단보고서를 작성한 사실이 있는 경우에는 이 진단 결과를 기준으로 진단 조서 등의 서류 일체를 제출받아 등록기준 충족 여부를 판단할 수 있다.

(2) 자본금 조사일 현재 자본금 미달로 인해 행정처분 기간 중에 있거나, 조사 진행 중 행정처분을 받은 자의 경우에는 조사대상에서 제외한다. 다만, 조사일 현재 처분종료일자 기준의 재무관리상태진단보고서를 작성한 사실이 있는 업체의 경우에는 등록기준 충족 여부를 판단할 수 있다.

(3) 조사대상업자에 대한 등록기준 심사를 위해 자본금의 산정 및 확인에 관한 사항은 [별지 2] 건설업체 진단지침에 따른다.

(4) (1)에 따라 재무제표를 검토하여 산정한 금액이 자본금기준에 미달되는 경우 재무관리상태진단보고서를 제출받아 자본금기준의 적격 여부를 확인할 수 있으며, 이 경우에는 「건설업 관리규정」 제2장 제3항 나목 (2)에 의한다.

다. 보증가능금액확인서

보증가능금액확인서의 적합 여부는 건설행정정보시스템(CIS) 또는 보증가능금액확인서 발급기관을 통하여 확인한다.

라. 시설·장비·사무실

「건설업 관리규정」 제2장 제3항 라, 마목에 준하여 처리한다.

마. 다른 법률에 의한 등록업종 등을 겸업하는 경우

「건설업 관리규정」 제2장 제3항 바목에 준하여 처리한다.

바. 건설업 등록기준의 중복인정에 관한 특례 적용기준

「건설업 관리규정」 제2장 제3항 아목에 준하여 처리한다.

9. 제재처분

가. 건설업 등록기준에 미달한 사실이 확인된 경우에는 지체 없이 청문 등 제재처분 절차에 착수한다.

나. 정당한 사유 없이 자료를 제출하지 아니하는 건설사업자에 대해서는 즉시 시정명령토록 하고, 시정명령 미이행 시에는 영업정지 처분한다.

다. 실태조사 과정에서 다른 법에 의한 위법사항이 발견된 경우 해당 처분청 등에 통보 또는 고발한다.

라. 실태조사 기간 중 전출하는 경우에는 실태조사 시작일 기준으로 전출기관에서 조사한 후 전입기관에 청문회 및 처분 요청하고, 실태조사 중 조사 대상업체의 폐업신고는 실태조사 완료 전까지는 수리하지 아니한다. 이 규정은 발령한 날부터 시행한다.

▪ 건설업체 기업진단지침[시행 2020.7.1.]

제1장 총칙

제1조(목적) 이 지침은 영 제9조에 따른 재무관리상태의 진단을 실시함에 있어 진단자의 진단에 통일성과 객관성을 부여하기 위하여 필요한 사항을 규정함을 목적으로 한다.

제2조(적용범위) ① 이 지침은 영 제13조에 따른 건설업 등록기준 중 사업자의 실질자본에 대한 진단에 관하여 적용한다.

② 진단을 실시함에 있어 이 지침에서 정하는 사항 및 다른 법령에 특별한 규정이 있는 경우를 제외하고는 기업회계기준에 따른다. 이 경우 "기업회계기준"이란 한국회계기준원 회계기준위원회가 공표하여 진단기준일 현재 시행하고 있는 회계기준을 말한다.

제3조(정의) 이 지침에서 사용하는 용어의 뜻은 다음과 같다.

① "실질자산"이란 회사제시자산에서 이 지침에 따른 수정사항과 부실자산을 반영한 후의 금액을 말한다.

② "실질부채"란 회사제시부채에서 이 지침에 따른 수정사항을 반영한 후의 금액을 말한다.

③ "겸업사업"이란 재무관리상태의 진단대상이 되는 사업 이외의 사업을 말한다. 이 경우 법인등기사항 등 형식적인 사업목적에 불구하고 그 실질적 사업내용에 따라 적용한다.

④ "겸업자산"이란 이 지침에서 겸업자산으로 열거한 자산과 겸업사업을 위하여 제공된 자산을 말한다.

⑤ "겸업부채"란 겸업자산과 직접 관련된 부채와 겸업사업에 제공된 부채를 말한다.

⑥ "겸업자본"이란 겸업자산에서 겸업부채를 차감한 금액을 말한다.

⑦ “진단대상사업 실질자산”이란 실질자산에서 겸업자산을 차감한 금액을 말한다.
⑧ “진단대상사업 실질부채”란 실질부채에서 겸업부채를 차감한 금액을 말한다.
⑨ “진단대상사업 실질자본”이란 진단대상사업의 실질자산에서 진단대상사업의 실질부채를 차감한 금액으로서 진단대상이 되는 사업의 실질자본을 말한다.

제4조(진단자) 진단자는 법 제49조 제2항에 따른 공인회계사(「공인회계사법」 제7조에 따라 금융위원회에 등록한 개업 공인회계사 및 같은 법 제24조에 따라 등록한 회계법인을 말한다), 세무사(「세무사법」 제6조에 따라 등록한 세무사 및 같은 법 제16조의 4에 따라 등록한 세무법인을 말한다) 또는 전문경영진단기관으로 한다.

제5조(진단의 기준일) ① 신규신청(건설업종 추가 등록을 위한 신청을 포함한다)의 경우 진단기준일은 등록신청일이 속하는 달의 직전월 마지막 날로 한다. 다만, 신설법인의 경우에는 설립등기일을 진단기준일로 한다.
② 〈삭제〉
③ 사업의 양수·양도, 법인의 분할·분할합병·합병, 자본금 변경 등에 따른 기업진단의 경우에는 다음 각호에서 정하는 날을 진단기준일로 한다.
1. 양수·양도 : 양도·양수 계약일
2. 분할·분할합병·합병 : 분할·분할합병·합병 등기일. 다만, 납입자본금이 미달되어 등기일부터 30일 이내에 미달된 자본금 이상을 증자하고 변경등기한 경우 그 변경등기일
3. 자본금 변경 : 다음 각 목의 어느 하나에 해당하는 법인인 경우에는 자본금 변경등기일
가. 기존법인 : 업종별 등록기준 자본금이 강화된 경우
나. 신설법인 : 기준자본금이 미달되어 추가로 증자한 경우
④ 당해 등록·신고수리관청이 실태조사 등의 목적에 의하여 기업진단을 실시하는 경우에는 당해 등록·신고수리관청이 지정하는 날을 진단기준일로 하되, 진단기준일은 법인인 경우 정관에서 정한 회계기간의 말일인 연차결산일을 말하고,

개인인 경우 12월 31일을 말한다. 다만, 회계연도의 변경이 있는 경우는 「법인세법」에서 정하는 규정에 따른다.

제6조(재무제표와 진단 증빙 등) ① 진단을 받고자 하는 자(이하 "진단을 받는 자"라 한다)는 기업회계기준에 따라 작성한 재무제표(진단기준일이 연차결산일인 경우에는 「법인세법」 및 「소득세법」에 따라 관할 세무서장에게 제출한 정기 연차결산 재무제표를 말한다), 공사원가명세서, 회계장부 및 진단자가 요구하는 입증서류를 작성 제출하거나 제시하여야 한다.

② 제1항에도 불구하고 외감법 제2조에 따라 외부감사를 받은 법인은 재무제표 대신에 해당 감사보고서를 제출하여야 하며, 그 외의 법인으로서 재무제표를 한국채택국제회계기준에 따라 작성한 법인은 재무제표 대신에 감사보고서를 제출하여야 한다.

③ 제1항과 제2항에 따라 제출된 서류는 재작성 또는 정정 등을 이유로 반려를 요구하지 못한다. 다만, 이미 제출된 서류에 명백한 오류가 있는 경우에 한하여 진단자의 승인을 얻어 정정하거나 보완서류를 추가로 제출할 수 있다.

제7조(실질자본에 대한 입증서류, 확인 및 평가 등) ① 실질자본에 대한 입증서류는 다음 각호와 같다.

1. 실질자산을 확인하는 입증서류는 다음 각 목의 서류를 말한다.
   가. 기본서류(계정명세서, 계약서, 금융자료, 세금계산서, 계산서, 정규영수증, 등기·등록서류 등을 말하며, 이하 같다)
   나. 제2항 각호에 따른 추가 증빙서류
   다. 진단자가 제2장에 따라 각 계정의 평가를 위하여 필요하다고 판단하는 보완서류
2. 실질부채를 확인하는 입증서류는 계정명세서, 신용정보조회서 또는 금융기관별 금융거래확인서, 공제조합 등 보증가능금액확인서 발급기관의 융자확인서를 말한다.

② 실질자본에 대한 확인과 평가는 다음 각호에 의한다.

1. 계정명세서를 확인하여 무기명식 금융상품, 실재하지 않거나 출처가 불분명한 유가증권, 가지급금, 대여금, 미수금, 미수수익, 선급금, 선급비용, 선납세금, 재고자산, 부도어음, 장기성매출채권 및 무형자산은 부실자산으로 분류하고, 비상장 주식과 임대 또는 운휴 중인 자산은 겸업자산으로 분류한다. 다만, 이 지침의 다른 조항에 따라 실질자산으로 인정되는 것은 제외한다.
2. 회사가 제시한 자본총계의 100분의 1을 초과하는 현금은 부실자산으로 본다.
3. 예금은 진단기준일 현재의 예금잔액증명서와 진단기준일을 포함한 60일간의 거래실적증명을 확인하되 허위의 예금이나 일시적으로 조달된 예금으로 확인된 경우는 부실자산으로 분류하고, 사용이 제한된 예금은 겸업자산으로 분류한다.
4. 매출채권은 기본서류와 거래처원장을 비교하여 실재성(實在性) 및 적정성을 평가한다.
5. 진단대상사업을 위한 재고자산으로서 원자재와 수목 등은 기본서류, 거래명세서, 현장일지로 확인하고, 단기공사현장의 미성공사는 기본서류, 공사원가명세서로 확인하며, 진단대상사업과 연관 있고 판매를 위한 신축용 재고자산은 기본서류, 공사원가명세서, 분양내역서 등으로 확인하여 실재성이 인정될 경우에는 실질자산으로 본다.
6. 종업원 주택자금과 우리사주조합에 대한 대여금은 기본서류 등으로 확인하고, 장기성매출채권과 미수금은 기본서류, 제공받은 담보의 가치와 회수가능성을 입증하는 서류로 확인하며, 선납세금은 환급통보 내역을 입증하는 서류로 확인하여 실재성이 입증될 경우에는 실질자산으로 본다.
7. 시장성 있는 유가증권과 금융기관에 보관 중인 유가증권에 대해서는 금융기관의 잔고증명서를 확인하여 사실과 다르거나 시가를 초과하는 금액은 부실자산으로 본다.
8. 유형자산은 기본서류와 감가상각명세서를 통하여 소유권과 실재성 및 금액

의 적정성을 평가하고 담보대출이나 임대보증금 유무를 확인한다.

9. 임차보증금은 기본서류, 임대인의 세무신고 자료 및 시가 조회자료를 통하여 평가하고, 그 밖의 보증금은 기본서류, 보증기관의 확인서나 보관증으로 확인하여 사실과 다르거나 시가를 현저히 초과한 금액은 부실자산으로 본다.

10. 부동산물권은 제9호에 준하여 확인한다.

11. 산업재산권은 기본서류와 인허가기관의 확인서로 평가하며 사용수익기부자산은 기본서류, 수증자의 확인서와 세무신고 자료를 통하여 평가한다.

③ 실질부채를 확인하는 입증서류를 확인한 결과 차입금 등 부외부채가 있을 경우에는 실질자본에서 해당 금액을 차감하여야 한다.

④ 제1항부터 제3항까지와 이 지침의 다른 규정에 따라 해당 자산 및 부채의 실재성과 적정성을 확인할 수 없는 경우, 이 지침에서 부실자산이나 겸업자산으로 분류하는 경우 및 실질자본에서 차감하여야 하는 경우는 진단대상사업 실질자본에서 제외한다.

제8조(진단불능) ① 진단자는 다음 각호의 사유에 해당하는 경우에는 진단불능으로 처리하고, 진단을 받는 자 및 진단자가 소속된 협회에 통보한다. 다만, 제1호부터 제3호까지의 사유에 따라 진단불능으로 처리된 경우는 다른 진단자로부터 별도의 진단을 받을 수 없다.

1. 제6조 제1항 및 제2항에 따른 자료의 제출과 제시를 하지 않은 경우
2. 진단에 필요한 입증서류와 보완요구를 거부·기피·태만히 하는 경우
3. 진단받는 자가 작성·제출한 서류 중 실질자본에 중대한 영향을 미치는 허위가 발견된 경우
4. 신설법인이 법인설립등기일 이후 20일 이내의 날을 진단일로 하여 기업진단을 의뢰하는 경우

② 진단자는 진단을 받는 자에 대한 장부의 작성 및 재무제표 작성업무를 수행한 경우(수행하는 경우를 포함한다)에는 해당 회계연도에 대한 재무관리상태 진단

을 행할 수 없으며 또한 다음 각호의 1에 해당하는 자에 대한 재무관리상태 진단을 행할 수 없다.

1. 진단자 또는 진단자의 배우자가 임원이거나 이에 준하는 직위(재무에 관한 사무의 책임 있는 담당자를 포함한다)에 있거나, 과거 1년 이내에 이러한 직위에 있었던 자(회사를 포함한다. 이하 이 항에서 같다)
2. 현재 진단자 또는 진단자의 배우자가 사용인이거나 과거 1년 이내에 사용인이었던 자
3. 진단자 또는 진단자의 배우자가 주식 또는 출자지분을 소유하고 있는 자
4. 진단자 또는 진단자의 배우자와 채권 또는 채무관계에 있는 자. 이 경우 진단자를 규율하는 관련 법 등에서 세부적으로 정한 경우에는 해당 규정에 따른다.
5. 진단자에게 무상으로 또는 통상의 거래가격보다 현저히 낮은 대가로 사무실을 제공하고 있는 자
6. 진단자의 고유업무 외의 업무로 인하여 계속적인 보수를 지급하거나 그 밖에 경제상의 특별한 이익을 제공하고 있는 자
7. 진단을 수행하는 대가로 자기 회사의 주식·신주인수권부사채·전환사채 또는 주식매수선택권을 제공하였거나 제공하기로 한 자

제9조(진단방법 및 진단의견) ① 진단자는 진단을 받는 자가 제출 또는 제시하는 서류를 검토하되, 진단의견 결정에 필요한 경우 분석적 검토·실사·입회·조회·계산검증 등과 같은 전문가적 확인절차를 통하여 진단을 실시하여야 한다.

② 진단을 받는 자가 제1항에 따른 진단자의 진단의견 결정에 대하여 이의가 있을 때에는 이를 위해 반증을 제시할 수 있고, 진단자는 제시된 반증을 성실하게 평가한 후 진단의견을 결정하여야 한다.

③ 진단자는 별지 제1호 서식의 진단의견란에 다음과 같이 기재한다.

1. 진단을 받는 자의 진단대상사업 실질자본이 관련법규에서 정하고 있는 등록기준 자본액 이상인 경우에는 "적격"으로 기재하고, 미달인 경우에는 "부

적격"으로 기재한다.

2. 제8조 제1항의 규정에 해당하는 경우에는 "진단불능"으로 기재한다.

제10조(진단보고 및 진단조서의 작성·비치 등) ① 진단을 실시한 진단자는 진단의 결과를 별지 제1호부터 제4호까지의 서식에 따라 작성하고 기명날인한 후 진단자가 소속된 협회의 확인(전자문서상 결재를 포함한다)을 받아 진단을 받는 자에게 교부한다.

② 진단을 실시한 진단자는 진단조서 및 관련 증빙서류(이하 "진단조서 등"이라 한다)를 작성·비치하여야 하며 이를 5년간 보존하여야 한다.

③ 국토교통부장관 또는 법 제91조 제1항, 제3항 제2호의 2부터 제2호의 4까지 및 같은 항 제6호에 따른 위임·위탁을 받은 자(이하 "위임·위탁받은 자"라 한다)는 진단보고서의 적정성을 판단하기 위하여 진단자에게 진단조서 등의 제출을 요구할 수 있고, 진단자는 제출 요청을 받은 날로부터 7일 이내에 진단조서 등을 국토교통부장관 및 위임·위탁받은 자에게 제출하여야 한다.

제11조(진단보고서의 감리 요청 등) ① 위임·위탁받은 자는 다음 각호의 어느 하나에 해당하면 한국공인회계사회, 한국세무사회 또는 한국경영기술지도사회 기업진단감리위원회에 진단보고서의 감리를 요청하여야 한다. 다만, 위임받은 자가 종합건설업 등록에 관하여 감리를 요청하는 경우에는 위탁받은 자를 경유하여야 하며 이 경우 위탁받은 자는 사전 검토를 거쳐 감리요청 여부를 판단하여야 한다.

1. 제10조 제3항에 따른 진단조서 등을 제출하지 않는 경우
2. 진단보고서의 신뢰성이 의심되거나 진단의견에 영향을 줄 수 있는 진단오류가 예상되는 경우
3. 감사보고서상 감사의견이 의견 거절이거나 부적정 의견인 재무제표에 대한 진단보고서가 제출된 경우
4. 외감법에 따라 외부감사대상에 해당하나 외부감사를 받지 아니한 재무제표에 대한 진단보고서가 제출된 경우

5. 진단자가 제8조 제2항을 위반하여 업무를 수행한 경우

② 위임·위탁받은 자는 감리결과 부실진단으로 확인되고 관계법령에 위배된다고 판단되는 때에는 해당 진단자를 국토교통부장관에게 보고하고 수사기관에 고발하는 등 필요한 조치를 하여야 한다.

제2장 실질자본의 진단

제12조(자산·부채 및 자본의 평가) ① 진단을 실시함에 있어서 자산, 부채 및 자본의 평가는 진단대상사업의 관련 법규와 이 지침에서 정하는 사항을 제외하고는 기업회계기준에 따른다.

② 이 지침에서 규정하는 계정은 진단을 받는 자가 작성한 재무제표 계정과목이나 계정분류에 불구하고 그 실질적 내용에 따라 적용한다.

③ 진단자는 한국채택국제회계기준을 적용하여 실질자본을 평가하여서는 아니된다. 다만, 진단받는 자가 제6조 제2항에 따라 재무제표 대신 감사보고서를 제출한 때에는 예외로 한다.

제13조(부실자산 등) ① 다음 각호의 자산은 부실자산으로 처리하여야 한다.

1. 이 지침에서 부실자산으로 분류된 자산
2. 진단을 받는 자가 법적 또는 실질적으로 소유하지 않은 자산
3. 다음 각 목에 해당하는 자산. 다만, 이 지침에 따라 진단대상사업의 실질자산으로 평가된 자산은 제외한다.

가. 무기명식 금융상품

나. 실재하지 않거나 출처가 불분명한 유가증권

다. 가지급금, 대여금

라. 미수금, 미수수익

마. 선급금, 선납세금, 선급비용

바. 부도어음, 장기성매출채권, 대손 처리할 자산

사. 무형자산

② 다음 각호의 금액은 진단대상사업 실질자본에서 차감하여야 한다.

1. 제1항 각호의 부실자산과 임의 상계된 부채에 상당하는 금액
2. 진행기준으로 매출을 계상한 후 세무신고를 통하여 그 일부 또는 전부를 세무상 수입금액에서 제외한 매출채권에 상당하는 금액
3. 발생원가 또는 비용을 누락한 분식결산 금액
4. 자산의 과대평가 등에 따른 가공자산이나 부채를 누락한 부외부채 금액

第14조(현금의 평가) ① 현금은 전도금과 현금성자산을 포함하며 예금은 제외한다.

② 현금은 진단자가 현금실사와 현금출납장 등을 통하여 확인한 금액만 인정한다. 다만, 진단을 받는 자가 제시한 재무제표의 자본총계의 100분의 1을 초과하는 현금은 부실자산으로 본다.

第15조(예금의 평가) ① 예금은 진단을 받는 자의 명의로 금융기관에 예치한 장·단기 금융상품으로 요구불예금, 정기예금, 정기적금, 증권예탁금 그 밖의 금융상품을 말한다.

② 예금은 다음 각호에 따라 평가한다.

1. 예금은 진단기준일을 포함한 30일 동안의 은행거래실적 평균잔액으로 평가하며, 이 경우 30일 동안의 기산일과 종료일은 전체 예금에 동일하게 적용하여야 한다. 다만, 예금의 평가금액은 진단기준일 현재의 예금 잔액을 초과할 수 없다.
2. 제1호 본문에도 불구하고 신설법인의 경우 은행거래실적 평균잔액의 평가기간은 진단기준일부터 진단일 전일까지로 한다.
3. 진단기준일 현재 보유하던 실질자산을 예금으로 회수하거나 진단기준일 후 실질자산의 취득 또는 실질부채의 상환을 통하여 예금을 인출한 경우에는 이를 가감하여 은행거래실적 평균잔액을 계산할 수 있다.

③ 다음 각호의 경우는 부실자산으로 처리하여야 하고 제2항에 따른 은행거래실적 평균잔액을 계산할 때에도 이를 제외하여야 한다.

1. 진단기준일 현재 진단을 받는 자 명의의 금융기관 예금잔액증명과 진단기준일을 포함한 60일간의 은행거래실적증명(제2항 제2호의 경우에는 진단기준일부터 진단일까지 기간의 은행거래실적증명을 말한다)을 제시하지 못하는 경우. 다만, 은행거래실적증명이 발급되지 않는 금융상품의 경우에는 금융기관으로부터 발급받은 거래사실을 증명하는 다른 서류로 갈음할 수 있다.
2. 예금이 이 지침에서 부실자산이나 겸업자산으로 보는 자산을 회수하는 형식으로 입금된 후 진단기준일을 포함한 60일 이내에 그 일부 또는 전부가 부실자산이나 겸업자산으로 출금된 경우

④ 질권 설정 등 사용 또는 인출이 제한된 예금(진단대상사업의 수행을 위해 보증기관이 선급금보증, 계약보증 등과 관련하여 예금에 질권을 설정한 경우는 제외한다)은 겸업자산으로 보며, 제2항에 따른 은행거래실적 평균잔액을 계산할 때에도 이를 제외하여야 한다. 이 경우 겸업자산으로 보는 예금과 직접 관련된 차입금 등은 겸업부채로 처리한다.

⑤ 진단을 받는 자는 진단기준일 현재 예금이 예치되거나 차입금이 있는 금융기관별로 금융거래확인서를 발급받거나 전체 금융기관에 대한 신용정보조회서를 발급받아 진단자에게 제출하고 진단자는 부외부채 유무를 검토하여야 한다.

제16조(유가증권의 평가) ① 유가증권은 보유기간 또는 보유목적에 따라 단기매매증권, 매도가능증권, 만기보유증권 및 지분법적용투자주식으로 구분되는 지분증권과 채무증권으로 구분된다.

② 다음 각호를 제외한 유가증권은 겸업자산으로 본다.

1. 특정 건설사업의 수행을 위하여 계약상 취득하는 특수목적법인의 지분증권
2. 진단대상사업과 관련된 공제조합 출자금
3. 한국금융투자협회 회원사로부터 발급받은 잔고증명서를 제출한 유가증권

③ 제2항의 유가증권은 다음 각호에 따라 평가한다.

1. 제2항 제1호의 지분증권은 계약서, 출자확인서, 금융자료 등으로 확인한 취득원가로 평가한다.
2. 제2항 제2호 및 제3호의 출자금 및 유가증권은 진단기준일 현재의 시가로 평가한다.
3. 제2항 제3호의 유가증권이 진단기준일 현재 사용 또는 인출이 제한된 때에는 겸업자산으로 보며, 이 경우 겸업자산으로 보는 유가증권과 직접 관련된 차입금 등도 겸업부채로 처리한다.
4. 제2항 제3호의 유가증권이 진단기준일 이후 매도되어 예입된 매매대금이 입금 후 60일 이내에 그 일부 또는 전부가 부실자산이나 겸업자산으로 출금 또는 유지된 경우에는 부실자산으로 본다.

제17조(매출채권과 미수금 등의 평가) ① 매출채권은 공사미수금과 분양미수금으로 구분되고, 거래 상대방에게 세무자료에 의하여 청구한 것과 진행기준에 의하여 계상한 것을 포함하며 대손충당금을 차감하여 평가한다. 다만, 진단대상사업과 무관한 매출채권은 겸업자산으로 본다.

② 세무자료에 의하여 청구한 매출채권은 계약서, 세금계산서·계산서의 청구와 금융자료에 의한 회수내역을 통하여 검토하며 필요한 경우에는 채권조회를 실시하여 확인하여야 한다.

③ 진행기준에 의하여 계산한 매출채권은 제2항에 따른 계약서 등을 통한 평가에 추가하여 진행률의 산정이 적정한지를 평가하여야 한다.

④ 다음 각호를 제외하고 발생일로부터 2년 이상을 경과한 매출채권과 미수금 등 받을채권(이하 "받을채권"이라 한다)은 부실자산으로 본다.

1. 국가, 지방자치단체 또는 공공기관에 대한 받을채권. 이 경우 제25조에 따른 관련 부채를 차감하여 평가하여야 한다.
2. 법원의 판결 등에 의하여 금액이 확정되었거나 소송이 진행 중인 받을채권. 이 경우 다음 각 목에 따라 평가하여야 한다.
   가. 채권 회수를 위한 담보의 제공이 없는 경우에는 전액 부실자산으로 본다.

나. 채권 회수를 위한 담보의 제공이 있는 경우에는 그 제공된 담보물을 통하여 회수가능한 금액을 초과하는 금액을 부실자산으로 본다.

3. 「채무자 회생 및 파산에 관한 법률」에 따라 법원이 인가한 회생계획에 따라 변제 확정된 회생채권

⑤ 매출채권을 건물 또는 토지로 회수한 경우 그 건물 또는 토지는 취득한 날부터 2년간 실질자산으로 본다.

⑥ 국가와 지방자치단체에 대한 조세 채권(조세불복청구 중에 있는 금액을 포함한다)은 부실자산으로 본다. 다만, 진단일 현재 환급 결정된 경우는 제외한다.

제18조(재고자산의 평가) ① 재고자산은 취득원가로 평가하되 시가가 취득원가보다 하락한 경우에는 시가에 의한다. 이 경우 「부동산가격공시 및 감정평가에 관한 법률」에 의한 감정평가법인이 감정한 가액이 있는 경우 그 가액을 시가로 본다.

② 원자재 및 이와 유사한 재고자산은 부실자산으로 본다. 다만, 보유기간이 취득일로부터 1년 이내인 재고자산으로서 그 종류, 취득일자, 취득사유, 금융자료, 현장일지, 실사 등에 의하여 진단기준일 현재 진단대상사업을 위하여 보유하고 있음을 확인한 경우에는 실질자산으로 본다.

③ 조경공사업이나 조경식재공사업을 위한 수목자산과 주택, 상가, 오피스텔 등 진단대상사업과 연관이 있고 판매를 위한 신축용 자산(시공한 경우에 한함)의 재고자산은 보유기간에 관계없이 제2항 단서에 따라 확인한 경우에는 실질자산으로 본다.

④ 진단대상사업에 직접 관련이 없는 재고자산과 부동산매매업을 위한 재고자산은 겸업자산으로 본다.

제19조(대여금 등의 평가) ① 「법인세법」상 특수관계자에 대한 가지급금 및 대여금은 부실자산으로 보며, 특수관계자가 아닌 자에 대한 대여금은 겸업자산으로 본다.

② 종업원에 대한 주택자금과 우리사주조합에 대한 대여금은 계약서, 금융자료, 주택취득 현황, 조합 결산서 등을 통하여 실재성이 확인되고 진단을 받는 자의 재

무상태와 사회통념에 비추어 대여금액의 규모가 합리적인 경우에 한하여 실질자산으로 인정할 수 있다.

제20조(선급금 등의 평가) 선급금이 발생한 당시의 계약서 및 금융자료 등 증빙자료와 진단일 현재 계약이행 여부 및 진행 상황을 검토하여 실재성을 확인한 경우 다음 각호의 선급금은 실질자산으로 본다.

1. 계약서상 선급금 규정에 의한 선급금 중 기성금으로 정산되지 않은 금액
2. 진단대상사업을 위하여 입고 예정인 재료의 구입대금으로 선지급한 금액
3. 주택건설용지를 취득하기 위하여 선지급한 금액. 다만, 제23조 제4항에 따라 실질자산에 해당하지 않는 금액은 제외한다.
4. 기업회계기준에 따라 선급공사원가로 대체될 예정인 선급금

제21조(보증금의 평가) ① 임차보증금은 임대차계약서, 금융자료, 확정일자, 임대인의 세무신고서 및 시가자료 등에 의하여 평가하며, 다음 각호의 경우에는 부실자산으로 본다.

1. 거래의 실재성이 없다고 인정되는 경우
2. 임차목적물이 부동산이 아닌 경우. 다만, 리스사업자와 리스계약에 의한 리스보증금은 제외한다.
3. 임차부동산이 본점, 지점 또는 사업장 소재지 및 그 인접한 지역이 아닌 경우 또는 임직원용 주택인 경우
4. 임차보증금이 시가보다 과다하여 그 시가를 초과한 금액의 경우

② 진단대상사업을 수행하면서 예치한 보증금은 그 근거가 되는 계약서, 금융자료, 진단기준일 현재 보증기관의 보관증 및 보증금 납부 후 진단일까지 진단대상사업의 진행상황 등을 종합적으로 판단하여 실재성을 확인한다. 다만, 보증기간이 만료된 경우로서 보증금의 회수가 지체되는 때에는 회수가능금액으로 평가하고, 보증금과 관련한 소송이 계속 중인 경우에는 보증금의 범위에서 소송금액 총액을 차감하여 평가한다.

③ 법원에 예치한 공탁금은 진단일 현재의 소송 결과 등을 반영한 회수가능금액으로 평가한다.

④ 진단대상사업에 직접 제공되지 않는 임차보증금은 겸업자산으로 본다.

第22조(투자자산 등의 평가) 이 지침에서 따로 정하지 아니한 투자자산과 기타의 비유동자산은 겸업자산으로 본다.

第23조(유형자산의 평가) ① 유형자산은 토지, 건물, 건설중인자산 및 그 밖의 유형자산을 포함한다.

② 유형자산은 소유권, 자산의 실재성 및 진단대상사업에 대한 관련성을 종합하여 평가하며, 등기 또는 등록대상인 자산으로서 법적 및 실질적 소유권이 없는 경우에는 부실자산으로 본다.

③ 유형자산은 기업회계기준에 따라 취득원가모형이나 재평가모형 중에서 진단을 받는 자가 회계장부에 반영한 방식으로 평가한다. 이 경우 감가상각누계액은 취득일부터 진단기준일까지의 감가상각비로 「법인세법」에 따른 기준내용연수와 정액법으로 계산한 금액으로 한다. 다만, 진단을 받는 자의 회계장부상 감가상각누계액이 클 경우에는 그 금액으로 한다.

④ 건설중인자산은 계약서, 금융자료, 회계장부 등으로 확인한다. 다만, 실재하지 않는 계약인 경우, 진단일 현재 계약일로부터 1년이 초과되었으나 그 사유를 객관적으로 소명하지 못하는 경우, 진단일까지 계약이 해제된 경우로서 불입금액이 예금으로 환입된 후 그 일부 또는 전부가 부실자산이나 겸업자산으로 출금되거나 유지되는 경우는 부실자산으로 본다.

⑤ 진단자는 토지와 건물의 등기부등본을 통하여 부외부채에 대한 평가를 하여야 한다.

⑥ 임대자산이나 운휴자산 등 진단대상사업과 관련이 없는 유형자산은 겸업자산으로 보며, 토지 또는 건물의 일부가 임대자산인 경우에는 전체 연면적에 대한 임대면적의 비율로 계산한 금액을 겸업자산으로 본다. 다만, 진단을 받는 자가

소유한 본사의 업무용 건축물(부속토지 포함)이 임대자산인 경우에는 실질자산으로 보며, 해당 임대자산에 대하여 진단을 받는 자 또는 타인 명의의 부채(담보로 제공된 경우 채권최고액)는 실질부채로 본다.

제24조(무형자산의 평가) 무형자산은 부실자산으로 본다. 다만, 진단대상사업과 직접 관련하여 취득한 다음 각호의 경우는 예외로 한다.

1. 시설물을 기부채납하고 일정기간 무상으로 사용수익할 수 있는 권리를 보유한 경우에는 정액법에 따른 상각액을 차감하여 평가한다.
2. 산업재산권은 취득원가에 정액법에 따른 상각액을 차감하여 평가한다.
3. 부동산물권은 제21조 제1항 및 제23조 제2항에 준하여 평가한다.
4. 거래명세서 등에 의하여 실재성이 확인되는 외부에서 구입한 소프트웨어(유형자산의 운용에 직접 사용되는 경우에 한함)는 취득원가에 정액법에 따른 상각액을 차감하여 평가한다.

제25조(부채의 평가) ① 부채는 그 발생사유를 공사원가, 비용의 발생 및 관련 자산의 규모 등과 비교 분석하여 그 적정성 및 부외부채의 유무를 평가하여야 한다.

② 부외부채는 다음 각호에 따라 평가한다.

1. 진단을 받는 자는 진단기준일 현재 예금이 예치되거나 차입금이 있는 금융기관별로 금융거래확인서를 발급받거나 전체 금융기관에 대한 신용정보조회서를 발급받아 진단자에게 제출하고 진단자는 부외부채 유무를 검토하여야 한다.
2. 제15조 제3항에 따른 은행거래실적증명과 같은 기간 동안 지급한 부채내역을 제출받아 진단기준일 현재 부외부채 유무를 확인한다.
3. 진단기준일 현재 과세기간이 종료한 세무신고에 대하여 진단일까지 과세관청에 신고한 세무신고서를 제출받아 미지급세금 등을 확인한다.

③ 충당부채는 다음 각호에 따라 적정성 여부를 평가한다.

1. 퇴직급여충당부채는 기업회계기준에 따라 평가한다.

2. 진단을 받는 자가 하자보수충당부채와 공사손실충당부채를 장부에 계상한 경우에는 그 금액으로 평가한다.

3. 보증채무와 관련한 충당부채는 기업회계기준에 따라 평가한다.

④ 이연법인세부채는 이 지침의 다른 규정에 의한 겸업자본과 실질자본을 차감하는 부채로 보지 아니한다.

第26조(자본의 평가) ① 납입자본금은 법인등기사항으로 등기된 자본금으로 한다.

② 적법한 세무신고 없이 장부상 이익잉여금 등 자본을 증액한 경우에는 실질자본에서 직접 차감한다.

第27조(수익과 비용의 평가) 수익과 비용은 기업회계기준에 따라 평가한다.

第28조(겸업자본의 평가) ① 건설업체가 진단대상사업과 겸업사업을 경영하는 경우에는 다음 각호의 순으로 겸업자본을 평가하여야 한다.

1. 이 지침에서 겸업자산으로 열거한 자산은 겸업자산으로 하고, 그 겸업자산과 직접 관련된 부채는 겸업부채로 한다.

2. 제1호의 겸업자산과 겸업부채를 제외한 자산과 부채는 다음 각 목의 순에 따라 구분한다.

가. 진단대상사업과 겸업사업을 상시 구분 경리하여 실지귀속이 분명한 경우에는 실지귀속에 따라 겸업자산과 겸업부채를 구분한다.

나. 가목에 따라 겸업자산과 겸업부채로 구분할 수 없는 공통자산과 공통부채는 겸업비율에 의하여 구분한다. 이 경우 겸업비율은 진단기준일이 속한 회계연도의 각 사업별 수입금액 비율로 한다. 다만, 하나 또는 그 이상의 사업에서 수입금액이 없어 수입금액 비율을 산정할 수 없는 경우에는 사용면적, 종업원 수 등 합리적인 방식으로 산정한 겸업비율에 의한다.

② 관련법규 등에서 기준자본액이 정하여진 겸업사업에 대하여 제1항에 따라 계산

한 겸업자본이 그 기준자본액에 미달하는 경우에는 기준자본액을 겸업자본으로 본다.

제29조(겸업사업자의 신규등록 신청 시 실질자본의 평가) ① 겸업사업을 영위하는 자가 건설업종을 신규등록 신청하는 경우에는 다음 각호에 따라 진단대상업종의 납입자본액을 보유하여야 한다.

1. 회사가 등록기준 자본액을 유상 또는 무상 증자한 경우. 다만, 증자일 현재 완전 자본잠식 상태인 경우에는 제외한다.
2. 회사가 등록기준 자본액 이상의 자본금을 보유하고, 주주총회 또는 이사회 결의를 통하여 동액 이상의 이익잉여금을 진단대상업종을 위해 유보하고 있는 경우

② 진단대상업종의 실질자본은 제1항에 따른 증자액 또는 이익잉여금 유보액을 별도의 예금으로 예치하여야 하고 그 예금은 제15조에 따라 평가한다.

▪ 전기공사업 기업진단보고서

기업진단 보고서

진단 구분	1. 등 록	2. 양 수	3. 합 병	4. 자본금변동	5.등록기준신고
등 록 업 종		등 록 번 호			
상 호					
대 표 자		전 화 번 호			
영업소 소재지					
신 청 자 제 시 자본금액(a - b)		자산총액(a)		부채총액(b)	
진단결과 내역(진단기준일 :)					

과 목	금 액	과 목	금 액	진단의견
유동자산		유동부채		
비유동자산		비유동부채		
자산총계(Ⅰ)		부채총계(Ⅱ)		
부실자산(Ⅳ)		자본금		
실질자산(Ⅴ)(Ⅰ - Ⅳ)		자본잉여금		
비업무용자산(Ⅵ)		이익잉여금·결손금		
실질자본(Ⅶ)(Ⅴ - Ⅵ - Ⅱ)		자본조정		
		기타포괄손익누계액		
		자본총계(Ⅲ)		
겸업자본(Ⅷ)(c - d)		겸업자산(c)		
		겸업부채(d)		
전기공사업 실질자본(Ⅶ - Ⅷ)				

전기공사업운영요령에 의거 신청인의 실질자본금을 위와 같이 진단하였음을 확인합니다.

년 월 일

(진단자) 공인회계사(재무관리경영지도사, 세무사)

등록(인가)번호 제 호 인

소재지(전화번호) :

사업자등록번호 :

회계법인(지정진단기관, 세무·회계법인) : 인

담당공인회계사(담당재무관리경영지도사, 담당세무사) : 등록(인가)번호 제 호 인

소재지(전화번호) :

본 기업진단보고서는 전기공사업 운영요령에 따라 작성·평가되었음을 확인합니다.

(확인) 한국공인회계사회장(한국경영기술지도사회장, 한국건설경영진단협회장, 한국세무사회장) : 인

소재지(전화번호) :

첨부 : 기업진단 내역서 1부

시·도지사 귀하

기업진단 내역서

업체명 (단위 : 원)

과목	회사제시 금액	평정		평정 후 금액	평정내역
		차변	대변		
1. 유동자산 (1) 당좌자산 (2) 재고자산 (겸업유동자산) 2. 비유동자산 (1) 투자자산 (2) 유형자산 (3) 무형자산 (4) 기타비유동자산					
자산총계 (겸업자산)					
1. 유동부채 2. 비유동부채 (겸업비유동부채)					
부채총계 (겸업부채)					
1. 자본금 2. 자본잉여금 3. 자본조정 4. 기타포괄손익누계액 5. 이익잉여금 (또는 결손금) (겸업자본)					
자본총계					
부채와 자본총계					

※ 겸업자산 및 겸업부채의 산정내역

※ 세부계정과목은 기업회계기준서의 유동성 배열순서에 의해 기재함

▪ 전기공사업운영요령[시행 2018.12.13.]

제1장 총칙

제1조(목적) 이 요령은 「전기공사업법」(이하 "법"이라 한다), 같은 법 시행령(이하 "영"이라 한다) 및 같은 법 시행규칙(이하 "규칙"이라 한다)에서 산업통상자원부장관이 지정 또는 정하도록 한 사항을 규정함을 목적으로 한다.

제2조(정의) 이 요령에서 사용하는 용어의 정의는 다음 각호와 같다.

1. 〈삭제〉
2. 〈삭제〉
3. "실질자산"이라 함은 제시된 총 자산에서 부실자산을 공제한 자산을 말하며, "실질부채"라 함은 제시된 총 부채에서 이 요령에 의한 평정조정금액을 가감한 부채를 말한다.
4. "비업무용자산"이라 함은 전기공사업에 직접적으로 제공되지 않은 임야, 유휴 토지, 전답 또는 가옥 등을 말한다.
5. "겸업자산"이라 함은 전기공사업 이외의 사업에 제공된 자산을 말하며, "겸업부채"라 함은 겸업자산과 관련되는 부채를 말한다.
6. 영 별표 4의 2에서 산업통상자원부장관이 정하는 "전기관련 학과" 및 "전기관련 학과목"은 "별표 5"의 학과 및 별표 6에 해당하는 학과목을 말한다.

제3조(전기공사업자단체 및 수탁기관 지정) ① 법 제19조, 제32조 제2항 및 제3항, 영 제15조 제2항 및 제3항의 규정에 의거 산업통상자원부장관이 지정 고시토록 한 단체 및 수탁기관은 한국전기공사협회(이하 "지정단체"라 한다)로 한다.

② 영 제6조 제1항 제2호의 규정에 의거 산업통상자원부장관이 지정하는 금융기관은 서울보증보험주식회사로 한다.

제2장 기술자 등급인정 및 경력관리

제4조(등급인정 신청자격) 지정단체에 기술자의 등급인정을 신청할 수 있는 자는 영 별표 4의 2에 해당하는 자(외국인을 포함한다)로서 다음 각호와 같다.

1. "「국가기술자격법」"에 의한 국가기술자격자로서 기술자로 인정받고자 하는 자
2. "영 별표 4의 2"에 의한 학력·경력기술자로 인정받고자 하는 자
3. "영 별표 4의 2"에 의한 경력기술자로 인정받고자 하는 자

제5조(경력 및 변경 인정신청 등) ① 기술자의 등급인정을 위한 경력 및 등급변경인정을 신청하고자 하는 자는 별표 3에 해당하는 서류를 지정단체에 제출하여야 한다. 다만, 관계 법령에 의거 정부로부터 지정받은 경력관리기관이 발행한 경력증명서를 제출하는 경우 전기공사 업무 경력확인서(규칙 별지 제21호의 3 서식)에 근무회사 대표자의 서명 또는 날인을 생략할 수 있다.

② 지정단체는 신청서 등을 접수할 때 본인 또는 대리인의 신분증명서 등을 확인하여야 한다.

③ 제1항에 따라 제출하여야 하는 서류 중 근무하였던 전기공사업체가 소멸된 경우(폐업, 등록취소, 양도·양수 등)는 전기공사업무 경력확인서(규칙 별지 제21호의 3 서식)에 제1항과 같이 근무회사 대표자의 서명 또는 날인을 생략할 수 있으나 다음 각호의 서류 중 하나를 첨부하여야 한다.

1. 「국민연금법」 등 법률이 정하는 사회보장적 보험의 가입확인서 또는 건설근로자퇴직공제회 퇴직공제금 적립내역서 등
2. 재직 당시 업체의 대표자(법인의 경우 대표자 또는 임원) 또는 동료 직원 2인(소속 회사의 기술자 1인이 포함)의 재직사실 내용을 기재하여 공증기관의 공증을 필한 별지 제1호 서식의 재직사실확인서. 다만, 1988년 7월 1일 이전의 경력에 한한다.

3. 〈삭제〉

4. 소득금액증명원과 원천징수영수증

5. 정부로부터 지정받은 경력기관이 발행한 경력증명서 또는 선해입확인서 및 전기공사업경력확인서

④ 최초로 경력수첩을 발급받고자 하거나 기술자의 등급을 변경하고자 할 때에는 제6조의 규정에 의한 양성교육훈련을 이수하여야 한다. 다만, 다음 각호의 1에 해당하는 경우를 제외한다.

1. 전기 관련 국가기술자격 취득자(산업기사 이상)가 최초로 경력수첩을 발급받고자 하는 경우

2. 기술사 또는 기능장자격 취득자가 특급 기술자로 등급을 변경하는 경우

⑤ 지정단체는 경력을 인정하기 위하여 필요한 서류를 제출하도록 하거나 보완을 요구할 수 있다.

⑥ 신청자는 법 제35조의 규정에 의한 제반 수수료를 납부하여야 한다.

⑦ 지정단체는 제1항의 규정에 의한 신청서류를 접수한 경우에는 별지 제2호 서식의 전기공사기술자 경력(변경)확인 신청 접수대장에 이를 등재하여야 한다.

제6조(양성교육훈련 등) ① 지정단체는 양성교육훈련을 실시하기 위한 세부실시기준을 산업통상자원부장관의 승인을 얻어 정한다. 변경하는 경우에도 이와 같다.

② 지정단체는 교육훈련계획을 지정단체 홈페이지 등에 공지하고 교육신청인에게 개별 통지하여야 한다.

제7조 〈삭제〉

제8조 〈삭제〉

제9조(외국인 기술자의 적용특례) ① 외국인 기술자의 등급인정에 대하여는 영 별표

4의 2 및 이 요령에서 정하는 바에 따라 적용한다.

② 제5조의 규정에 의하여 경력확인 및 변경신청 등을 하고자 하는 외국인 기술자가 첨부하는 서류는 외국인 소속 국가의 한국대사관 또는 당해 외국인 소속 국가의 주한대사관 확인을 받은 서류이어야 한다.

제10조(경력심사관리위원회) ① 지정단체는 기술자의 경력심사 및 관리업무를 객관적이고 공정하게 수행하기 위하여 외부 인사 3인 이상을 포함한 9인 이내의 경력심사관리위원회를 구성·운영하여야 한다.

② 경력심사관리위원회는 다음 각호의 업무를 수행한다.

1. 기술자 경력 관련 제도개선에 관한 사항
2. 기술자 양성교육훈련계획 수립에 관한 사항
3. 기술자 경력인정의 이의신청에 관한 사항
4. 기타 기술자 경력관리업무와 관련하여 지정단체가 부의하는 사항

③ 경력심사관리위원회 운영에 관한 세부적인 사항은 지정단체에서 정하여 시행할 수 있다.

제11조(경력심사) ① 경력심사는 서류심사로 시행한다.

② 지정단체는 서류심사에서 경력이 미달되거나 증빙자료가 누락되었을 경우에는 15일 이내에 신청자에게 보완하도록 하여야 하며, 신청자가 기간 내에 보완서류를 제출하지 않는 경우에는 기제출된 서류에 의하여 심사를 완료하여야 한다.

제12조(서류심사) 지정단체는 신청인이 제출한 서류의 사실 확인을 하여 별지 제3호 서식의 학력 및 전기공사업 관련 업체 확인조서를 작성하여 심사하여야 한다.

제13조(이의신청 등) ① 신청자료, 등급인정 기타 경력관리에 관하여 이의가 있는 자는 경력인정(변경)신청서 처리 후 30일 이내에 1회에 한하여 별지 제4호 서식의 경

력확인 이의·정정신청서에 관련 증빙서류를 첨부하여 지정단체에 제출하여야 한다. 〈단서 삭제〉

② 지정단체는 제1항의 규정에 의하여 이의신청을 받은 때에는 이의 신청서를 접수한 날부터 15일 이내에 경력심사관리위원회의 심의를 거쳐 결정된 사항을 이의 신청인에게 통보하여야 한다.

③ 기술자의 경력확인내용에 명백한 잘못이 있는 경우 경력확인 이의·정정신청서에 관련 증빙서류를 첨부하여 지정단체에 정정을 신청할 수 있다.

④ 신청된 자료의 정정은 직권정정과 경력심사관리위원회의 심의정정으로 구분하며, 정정의 대상은 다음 각호와 같다.

1. 직권정정

가. 정부, 법원, 지방자치단체 및 공공단체가 사실을 확인하거나 처분이 통보된 사항

나. 오기, 착오 및 오입력 등 객관적으로 입증된 사항

다. 객관적인 자료를 첨부하여 정정을 요구하는 사항

2. 심의정정 : 직권정정으로 규정하고 있는 이외의 사항

⑤ 신청 자료를 정정한 경우에는 그 내용을 별지 제5호 서식의 이의·정정 기록관리대장에 기록·관리하여야 한다.

제14조(기술자 등급 부여) 지정단체는 영 제12조의 2의 규정 및 이 요령에 의하여 기술자로 인정한 경우에는 당해 기술자의 등급을 부여하여야 한다.

제15조(청문) ① 법 제28조의 2의 규정에 의한 전기공사기술자 인정취소 등의 처분을 하려면「행정절차법」에 따라 청문을 하여야 한다.

② 청문 대상자가 특별한 사유로 청문장으로 올 수 없는 경우에는 서면으로 청문할 수 있다.

제16조(제증명서 발급 등) ① 지정단체는 다음 각호의 1에 해당하는 증명서 등의 신

청이 있는 경우 지체 없이 발급하여야 한다.

1. 전기공사기술자 경력확인서(별지 제6호 서식)
2. 전기공사기술자 보유증명서(별지 제7호 서식)
3. 전기공사업체 선·해임확인서(별지 제7호의 2 서식)
4. 영문 전기공사기술자 경력수첩 취득 확인서(별지 제13호 서식)

② 제1항 제1호의 경력확인서 중 세부참여사업에 대한 경력을 확인받고자 하는 자는 미리 별지 제8호 서식에 의한 전기공사기술자 참여 사업 확인서를 지정단체에 제출하여야 한다.

③ 제2항의 규정에 의한 참여사업은 계약서사본 또는 실적증명서 등 참여사업의 증빙서류가 첨부된 경우에 한하여 인정한다. 다만, 지정단체가 확인이 가능한 사항에 대하여는 증빙서류를 생략할 수 있고, 관계 법령에 의거 정부로부터 지정받은 경력관리기관이 발행한 전기공사 관련 경력증명서를 증빙서로 제출한 경우 시공자 또는 발주자의 확인을 생략할 수 있다.

제17조(보고 및 관리 등) ① 지정단체는 다음 각호의 사항을 산업통상자원부장관에게 보고하여야 한다.

1. 기술자의 분기별 경력수첩 발급 현황 및 양성교육 훈련 현황 : 매 분기 말일을 기준으로 하여 다음 달 15일 이내
2. 경력기술자의 양성교육 훈련 계획 : 당해연도 1월 31일까지
3. 기술자격 대여, 이중 취업 또는 허위 신청 등 발견사항
4. 전기공사기술자의 인정취소

② 산업통상자원부장관이 제1항에 따른 보고사항을 정보통신망을 통하여 알 수 있는 경우에는 보고를 생략할 수 있다.

③ 지정단체는 경력심사의 업무가 종료되는 대로 경력심사 결과 보고서와 경력확인 자료 일체 및 양성교육훈련실시현황을 작성·보관하여야 하며, 신청서류 보관책임자 및 보관함을 지정하여 별도 보관하는 등 성실한 관리의무를 다하여야 한다.

④ 제3항에 따른 서류는 전자문서로 작성·보관할 수 있다.

제3장 전기공사업의 기업진단 등

제18조(적용범위) ① 전기공사업의 기업진단과 관련한 제19조 내지 제32조의 규정은 영 제6조의 규정에 의한 전기공사업의 등록기준 중 자본금의 평가에 한하여 적용한다.

② 전기공사업의 기업진단은 다른 법령에 특별한 규정이 있는 경우를 제외하고는 본 장에서 정하는 바에 의한다. 다만, 이 요령에서 정하지 아니한 사항은 기업회계기준에 의한다.

제19조(진단자 및 진단기준일) ① 진단은 다음 각호의 자(이하 "진단자"라 한다)가 실시한다.

1. 「공인회계사법」 제7조 및 제24조의 규정에 의하여 금융위원회에 등록한 개업 공인회계사 또는 회계법인
2. 「중소기업진흥 및 제품구매촉진에 관한 법률」 제50조의 규정에 의하여 등록한 개업 재무관리경영지도사(「중소기업기본법」에 의한 중소기업에 한한다)
3. 공인회계사 2인 이상 또는 재무관리경영지도사 2인 이상을 상시 보유한 자로서 산업통상자원부장관이 지정한 기관
4. 「세무사법」 제6조에 따라 등록한 세무사 및 같은 법 제16조의 4에 따라 등록한 세무법인

② 진단기준일은 다음 각호와 같다.

1. 신규등록 : 등록신청전일부터 역산하여 30일 이내의 기간
2. 등록기준 신고 : 전기공사업을 등록한 날부터 3년이 되는 날이 속하는 월의 직전월 말일
3. 양도·양수 : 양도·양수 계약일(분할 또는 분할합병에 의한 양도·양수의 경

우에는 그 등기일)

4. 법인합병 : 법인합병 등기일
5. 자본금 변경 : 자본금 변경일(법인인 경우에는 변경등기일)
6. 합병취소 : 회복 등기일

제20조(진단 서류의 제출) ① 진단을 받고자 하는 자는 진단에 필요한 다음 서류를 진단자에게 제출하거나 제시하여야 한다.

1. 별지 제9호 서식에 의한 기업진단신청서
2. 기업회계기준에 의하여 작성한 진단기준일의 대차대조표, 손익계산서, 재무제표 부속 명세서와 회계장부 및 기타 진단에 필요한 서류

② 진단자는 필요시 장부 및 기타 자산을 인정하는데 필요한 계약서, 계산서, 증명서, 확인서, 소유권증서 및 세무신고서 등 제반증빙서류의 제출을 요구할 수 있다.

③ 제1항의 규정에 의하여 제출된 서류는 재작성 또는 정정 등을 이유로 반환을 요구할 수 없다. 다만, 제출된 서류에 오기 또는 오산과 같은 객관적으로 명백한 오류가 있을 때에는 진단자의 동의를 얻어 정정할 수 있다.

④ 제1항과 제3항의 규정에 의하여 제출되거나 정정된 서류에 대하여 추가서류를 제출하고자 할 때에는 진단자의 동의를 얻어야 한다.

제21조(진단방법 및 진단의견) ① 진단자는 진단을 받는 자가 제출 또는 제시하는 서류를 검토하여 성실하게 평가하여야 하며, 필요한 경우 실제 조사하여 확인하여야 한다.

② 진단자는 제1항의 규정에 의하여 확인한 사항에 대한 조서를 작성·비치하여야 한다.

③ 진단자는 진단을 받는 자가 제20조 제2항의 규정에 의한 장부 및 기타 증빙서류를 제출하지 아니한 때에는 그 부분에 대하여는 부실자산으로 처리하여야 한다.

④ 진단자는 별지 제10호 서식(기업진단보고서)의 진단 의견란에 다음과 같이 기재한다.

1. 진단을 받는 자의 실질자본금이 영 제6조의 규정에 의한 전기공사업 등록기준의 자본금 이상인 경우에는 "적격"으로 기재한다.
2. 진단을 받는 자의 실질자본금이 영 제6조의 규정에 의한 전기공사업 등록기준의 자본금에 미달된 경우에는 "부적격"으로 기재한다.
3. 제22조의 규정에 해당하여 진단하지 못한 경우에는 "진단불능"으로 기재한다.

제22조(진단불능) ① 진단자는 다음 각호의 1에 해당하는 경우에는 진단불능으로 처리하여야 한다.

1. 제출된 재무제표가 진단을 받는 자의 장부와 일치되지 아니하여 이를 허위라고 인정한 때
2. 진단을 받는 자가 제20조 제1항 및 제2항의 규정에 의한 서류의 제출이나 장부 기타 제반증빙서류 등의 제출을 거부·기피 또는 태만히 하여 진단을 할 수 없을 때
3. 진단을 받는 자가 작성·제출한 서류 중 실질자본에 중대한 영향을 미치는 허위가 발견된 경우

② 진단자는 진단을 받는 자에 대한 장부의 작성 및 재무제표 작성업무를 수행한 경우(수행하는 경우를 포함한다)에는 해당 회계연도에 대한 기업진단을 행할 수 없으며 또한 다음 각호의 1에 해당하는 자에 대한 기업진단을 행할 수 없다.

1. 진단자 또는 진단자의 배우자가 임원이거나 이에 준하는 직위(재무에 관한 사무의 책임 있는 담당자를 포함한다)에 있거나, 과거 1년 이내에 이러한 직위에 있었던 자(회사를 포함한다. 이하 이 항에서 같다)
2. 현재 진단자 또는 진단자의 배우자가 사용인이거나 과거 1년 이내에 사용인이었던 자
3. 진단자 또는 진단자의 배우자가 주식 또는 출자지분을 소유하고 있는 자

4. 진단자 또는 진단자의 배우자와 채권 또는 채무관계에 있는 자. 이 경우 진단자를 규율하는 관련 법 등에서 세부적으로 정한 경우에는 해당 규정에 따른다.
5. 진단자에게 무상으로 또는 통상의 거래가격보다 현저히 낮은 대가로 사무실을 제공하고 있는 자
6. 진단자의 고유업무 외의 업무로 인하여 계속적인 보수를 지급하거나 그 밖에 경제상의 특별한 이익을 제공하고 있는 자
7. 진단을 수행하는 대가로 자기 회사의 주식·신주인수권부사채·전환사채 또는 주식매수선택권을 제공하였거나 제공하기로 한 자

제23조(부실자산) 다음 각호의 경우에는 이를 부실자산으로 처리하여야 한다.

1. 자산의 과대평가로 인한 가공자산
2. 제시 자산 총계의 100분의 2를 초과하는 현금
3. 진단을 받는 자의 소유가 아닌 자산
4. 대손처리하여야 할 자산
5. 비유동 무형자산(사용수익기부자산은 제외한다)
6. 선급비용
7. 기업회계기준에 따라 비용으로 계상하여야 할 대상금액이 자산으로 계상된 금액
8. 부도어음. 단, 담보가 설정되어 있는 경우 회수 가능한 금액은 제외한다.
9. 제25조 제1항 내지 제3항, 제5항 및 제10항의 규정에 의한 부실자산
10. 신설 법인이 법인설립 등기일부터 20일 이내의 날을 진단하는 날로 하여 제시한 제예금

제24조(수익의 인식과 측정) 수익은 기업회계기준상의 손익계산서 작성기준 및 매출총이익계산방식에 따라 계산하여야 한다. 다만, 공사수익측정에 있어서는 세법의 규정에 따라 계산된 수익을 기업회계기준에 따라 계산된 수익으로 인정할 수 있다.

제25조(자산의 평가 등) ① 제예금은 진단을 받는 자의 명의(법인인 경우 법인 명의)로 된 계좌에 대하여 진단기준일 전일(신설법인이 법인설립등기일부터 20일 이내의 날을 진단기준일로 하여 진단하는 경우에는 진단하는 날 전일)부터 역산하여 20일 동안의 은행거래 실적평균잔액을 예금액으로 평가한다. 다만, 예금증서 또는 은행거래실적증명서를 제시하지 못하거나 그 예금이 일시적으로 조달된 것으로써 출처가 불분명한 경우와 제예금 중 진단기준일부터 진단 시까지 지출 원인이 분명하지 않은 인출 금액은 부실자산으로 평가한다.

② 매출채권 등의 평가는 다음 각호의 방법에 의하여 평가한다.

1. 장·단기 매출채권 및 장단기 미수금 등의 채권은 거래처의 채무증명에 의하되 세금계산서를 확인하여야 한다. 다만, 법인세법에서 정한 대손충당금 설정한도액에 미달하는 경우에는 설정한도 미달액을 차감하여 평가한다.
2. 매출채권 등에 있어서 발생일로부터 1년 이상 경과한 매출채권 등은 부실자산으로 평가한다. 다만, 그 채무자가 국가, 지방자치단체, 「공공기관의 운영에 관한 법률」 제4조에 따라 공공기관으로 지정된 기관인 경우에는 그러하지 아니한다.

③ 가지급금은 급여선급인 경우에만 당해 임직원의 1월급여액 범위 내에서 인정하고 이를 초과하는 금액에 대하여는 부실자산으로 평가한다.

④ 장단기대여금은 전액 겸업자산으로 평가한다. 다만, 종업원에 대한 주택자금과 우리사주조합에 대여한 것은 제외한다.

⑤ 공사용 전도자금에 대하여는 당해 현장책임자 등의 예금잔액증명분에 의하여 인정하고 예금잔액증명서로 확인할 수 없는 금액은 제23조 제2호의 규정에 의하여 부실자산으로 평가한다.

⑥ 유가증권은 다음 각호의 방법에 의하여 평가한다.

1. 유가증권의 평가는 취득원가로 평가함을 원칙으로 한다. 다만, 증권거래소에 상장되어 있는 주식으로서 시가가 취득원가보다 금액이 낮은 것은 시가로 평가한다.
2. 국채, 공채, 사채 및 기타의 채권으로서 취득가액과 액면가액이 다른 것은

그 차액을 상환기간에 걸쳐 매기 당해 진단을 받는 자가 채택하고 있는 방법으로 재차 가감한 가액으로 평가한다.

3. 전기공사공제조합과 신용보증기관에 대한 출자금(출자를 위하여 예치한 출자금액을 포함한다)은 기준일 현재의 지분평가액(출자를 위하여 예치한 출자예정금액은 그 전액)을 전기공사업의 실질자산으로 인정한다. 다만, 출자금이 압류되어 있는 경우에는 그 압류금액을, 출자금을 담보로 대부를 받은 경우에는 그 대부금액을 차감하여 평가한다.

4. 잉여금의 자본전입에 의한 주식의 취득은 자산의 증가로 보지 아니한다.

5. 전기공사업과 관련이 없는 투자자산은 겸업자산으로 본다.

⑦ 재고자산은 다음 각호의 방법에 의하여 평가한다.

1. 재고자산은 전기공사업을 위한 자산만을 인정하되, 구입증빙서류 및 재고자산수불장표를 대조·확인하여 평가한다.

2. 재고자산이 자산총액의 100분의 10을 초과하는 경우에는 그 금액을 판매용자산으로 간주하여 겸업자산으로 본다.

⑧ 토지 및 건물은 취득가액으로 평가함을 원칙으로 한다. 다만, 자산재평가법에 따라 자산을 재평가한 경우에는 그 평가액으로 한다.

⑨ 중기계, 공구, 집기, 차량 등은 사용 가능한 것에 한하여 회사소유임이 확인된 것만 평가한다.

⑩ 적정하게 계상된 선급제세와 제세결정기관이 환급 통보한 세액은 자산으로 인정하되 그 외의 제세는 부실자산으로 평가한다.

⑪ 무형자산은 당해자산의 취득을 위하여 소요된 가액에서 감가상각 상당액을 차감한 금액으로 평가한다.

⑫ 보증금은 다음 각호와 같이 평가한다.

1. 임차보증금은 임대차계약서 및 임대인이 발행한 영수증 등 증빙에 의하여 확인하되, 그 금액이 시가보다 현저히 과다할 경우에는 진단 시의 시가에 의하여 이를 평가한다.

2. 계약보증금과 하자보수보증금은 그 보증기간이 만료되지 아니한 것에 한하

여 자산으로 인정한다.

3. 차액보증금과 하자보수보증금은 그 보증기간이 만료되지 아니하였거나 공사 준공 후에 공사의 불이행이나 하자의 사유가 없이 보관기관이 보관하고 있음을 증명한 때에는 자산으로 인정한다.
4. 영업보증금은 보증기간이 만료되지 아니한 것과 보증기간 만료 후라도 보증기관이 보관하고 있음을 증명한 경우에 한하여 인정한다.

제26조(부채의 평가 등) ① 부채의 발생사유를 충분히 검토하고 자산 및 자본과 비교·관련시켜 부외부채의 유무를 면밀히 검토하여 총 부채를 평가하여야 한다.

② 외화부채는 기준일 현재의 대고객전신환매도율에 의한 환율로 평가한다.

③ 감가상각 및 퇴직급여충당금의 계산은 다음 각호의 방법에 의한다.

1. 감가상각 또는 퇴직급여충당금은 법인세법에 정한 바에 의하여 계상된 금액을 인정한다. 다만, 동 설정범위를 초과하여 충당한 경우에는 그 설정액을 그대로 인정한다.
2. 진단기준일이 사업전년도중인 때에는 진단기준일로부터 소급하여 1년을 대상으로 제1항의 규정을 적용한다.

제27조(실질자본금의 평가 등) ① 실질자본금은 실질자산에서 비업무용 자산 및 실질부채를 공제한 것으로 한다. 다만, 겸업의 경우에는 겸업자본을 추가로 공제하며, 겸업자본이 겸업기준 자본금에 미달할 때에는 그 기준 자본금을 공제한다.

② 겸업자본의 평가는 다음 각호의 방법에 의한다.

1. 겸업자본은 겸업자산에서 겸업부채를 차감한 금액으로 한다.
2. 전기공사업과 전기공사업 이외의 사업을 구분 계리하는 자의 겸업자산과 겸업부채는 구분계리에 의한 전기공사업 이외의 사업과 관련된 자산과 부채를 말한다.
3. 전기공사업과 전기공사업 이외의 사업을 구분 계리하지 않은 자의 겸업자산과 겸업부채는 자산총계와 부채총계에 겸업비율을 적용하여 계산한다.

다만, 겸업비율은 다음 각 목 중 1을 선택하여 적용한다.

가. 전기공사업의 수입금액과 겸업사업의 수입금액 비율

나. 전기공사업의 유형자산과 겸업사업의 유형자산 금액 비율

다. 전기공사업이외의 사업이 다른 법령 등에 기준자본금이 정하여진 경우에는 기준자본금의 비율

제28조(진단보고) ① 진단자는 진단보고를 별지 제10호 서식에 의하되, 소속협회(한국공인회계사회, 한국경영기술지도사회, 한국건설경영진단협회, 한국세무사회)의 확인을 받아야 한다.

② 소속협회장은 제1항의 규정에 의하여 확인하는 기업진단보고서가 이 고시에 의거 작성되고 평가되었는지를 검토하여야 하며, 진단 내용이 이 고시에 위반하여 평가되었거나 허위로 작성한 사실이 있을 때에는 이를 즉시 반려하여야 한다.

제29조(진단 서류의 보존 등) ① 진단자는 진단 서류 등을 5년 이상 보존하여야 하며, 산업통상자원부장관이나 시·도지사 또는 법 제32조에 의하여 위임·위탁받은 자의 요구가 있을 때에는 제출하여야 한다.

② 전항의 규정에 따라 진단 서류 등을 제출받은 자는 진단자에 대하여 진단내용을 소명하게 하거나, 제28조 제1항의 소속협회 기업진단감리위원회에 감리를 요청할 수 있다.

제30조(보증가능금액확인서 발급 등) ① 전기공사공제조합 또는 제3조 제2항의 규정에 의한 서울보증보험주식회사(이하 "발급기관"이라 한다)는 보증가능금액확인서의 발급을 신청하는 자에게 영 제6조 제1항 제2호 규정에 따라 별지 제11호 서식의 보증가능금액확인서(이하 "확인서"라 한다)를 발급하여야 한다.

② 발급기관은 제1항의 규정에 의한 확인서 발급에 관하여 다음 각호의 사항을 포함한 발급요령을 산업통상자원부장관의 승인을 받아 정하여야 한다. 이를 변경하고자 하는 경우에도 또한 이와 같다.

1. 확인서를 신청하는 자의 재무상태·신용상태 등을 평가하는 기준 및 절차
2. 평가 결과에 따른 담보제공, 현금예치 및 출자의 범위와 방법 등에 관한 사항
3. 확인서의 효력상실 기준 및 미달 시 조치사항

③ 발급기관은 제1항의 규정에 의한 발급요령을 발급기관의 홈페이지 등에 게시하여야 한다.

제30조의 2(확인서의 해지) 발급기관은 확인서를 발급받은 자가 다음 각호의 어느 하나에 해당하게 된 경우 확인서를 즉시 해지한다. 다만, 재무상태의 변동으로 제5호에 해당하게 된 경우에는 발급요령에 명시된 바에 따라 일정기간 해지를 유예할 수 있다.

1. 재무상태·신용상태의 평가를 위한 자료를 허위로 제출하는 등 부정한 방법으로 확인서를 발급받은 경우
2. 피성년후견인 선고를 받은 경우
3. 파산선고를 받은 경우
4. 법 제7조에 따른 공사업의 피승계가 있는 경우
5. 재무상태가 변동되거나 발급기관이 담보권을 실행하는 등의 사유로 제공된 담보, 출자금 또는 예치된 현금의 가액이 확인서 발급 기준에 미달하게 된 경우

제31조(융자의 제한) 발급기관은 영 제6조 제1항 제2호의 규정에 의거 이 고시 시행 후 확인서 발급을 위하여 담보제공 또는 예치·출자한 자에 대한 융자는 그날로부터 6개월간 제한한다.

제32조(발급기관의 의무 등) 발급기관은 다음 각호의 의무를 이행하여야 한다.

1. 발급기관은 확인서를 발급한 경우에는 발급 사실 및 관련 내용을 홈페이지에 공시하여야 한다.
2. 제30조의 2(제4호를 제외한다)에 해당하는 해지사유가 발생한 경우 즉시 지

정단체에 통보하여야 한다.

3. 허위 또는 부정한 방법으로 확인서가 발급된 경우에는 부당하게 확인서를 발급받은 전기공사업자 또는 전기공사업을 등록하고자 하는 자에 대한 자료를 즉시 지정단체에 통보하여야 한다.
4. 지정단체는 제2호 및 제3호의 규정에 의거 통보를 받은 경우에는 즉시 공사업자의 주된 소재지를 관할하는 시·도지사에게 보고하여야 한다.
5. 확인서 발급업무와 관련하여 산업통상자원부장관, 시·도지사 또는 지정단체의 요구가 있는 경우에는 관련 자료를 제출하여야 한다.

제4장 민간전기공사표준도급계약서

제33조(표준도급계약서의 적용) 법 제12조 제1항 및 영 제9조 제2항의 규정에 의한 민간전기공사의 표준도급계약서는 별지 제12호 서식과 같이 한다.

제5장 전기공사업의 등록기준 확인

제34조(기술능력의 확인) 지정단체는 공사업자가 시행규칙 제8조 제1항 제4호에 따라 전기공사기술자의 변경을 신청한 경우에는 국민연금, 건강보험, 고용보험 및 산업재해보상보험 가입 여부를 확인하고 가입기간 범위 내에서 변경일을 처리하여야 한다.

제6장 보칙

제35조(공사업등록관리지침) 산업통상자원부장관은 공사업을 효율적으로 관리하기

위하여 필요한 경우 법 제4조 제1항의 규정에 의한 공사업 등록관리 등에 관한 지침 등을 정하여 시·도지사에게 권고할 수 있다.

제36조(운영세칙) 지정단체장은 이 요령의 사항에 필요한 세부규정 또는 지침 등을 정하여 산업통상자원부장관의 승인을 받아 운용할 수 있다.

제37조(재검토기한) 산업통상부장관은 「훈령·예규 등의 발령 및 관리에 관한 규정」에 따라 이 고시에 대하여 2019년 1월 1일 기준으로 매 3년이 되는 시점(매 3년째의 12월 31일까지를 말한다)마다 그 타당성을 검토하여 개선 등의 조치를 하여야 한다.

부칙〈제2018-226호, 2018. 12. 13.〉

제1조(시행일) 이 요령은 2018년 12월 13일부터 시행한다.

▪ 정보통신공사업 기업진단보고서

기업진단보고서	진단자 소속 협회 확인

※ 해당되는 곳에 ○표를 합니다.

진단구분	1. 등록	2. 양도	3. 합병	4. 자본금변동	5. 삭제〈2015.3.31〉

등록업종		등록번호	
상 호			
대 표 자		전화번호	
영업소 소재지			
신청자 제시 자본금액(a - b)			
		자산총액(a) :	부채총액(b) :

진단결과 내역(진단기준일 :)

과목	금액	과목	금액	진단의견
유동자산		유동부채		
비유동자산		비유동부채		
자산총계(Ⅰ)		부채총계(Ⅱ)		
부실자산(Ⅳ)		자본금		
실질자산(Ⅴ) (Ⅰ - Ⅳ)		자본잉여금		
비업무용자산(Ⅵ)		이익잉여금·결손금		
실질자본(Ⅶ) (Ⅴ - Ⅵ - Ⅱ)		자본조정		
		기타포괄손익누계액		
		자본총계(Ⅲ)		
겸업자본(Ⅷ) (c - d)		겸업자산(c)		
		겸업부채(d)		
정보통신공사업 실질자본(Ⅶ - Ⅷ)				

정보통신공사업기업진단요강에 의거 신청인의 실질자본금을 위와 같이 진단하였음을 확인합니다.

년 월 일

(진단자) 공인회계사(경영지도사, 세무사) 또는 회계·세무법인

: 등록(인가)번호 제 호 인

소재지(전화번호) :

(확인) 한국공인회계사회장 :

한국경영기술지도사회장 :

한국세무사회장 :

첨부 : 기업진단 내역서

○○시·도지사 귀하

과목

차변	대변	평정		평정 후 금액	평정내역
		차변	대변		
1. 유동자산					
(1) 당좌자산					
① 현금 및 현금성자산					
② 단기투자자산					
③ 매출채권					
- 대손충당금					
④ 가지급금					
⑤ 단기대여금					
⑥ 미수금					
⑦ 미수수익					
⑧ 선급금					
⑨ 선급비용					
⑩ 선급공사원가					
⑪ 선납세금					
⑫ 부가세선급금					
⑬ 전도금					
⑭ 기타의 당좌자산					
(2) 재고자산					
① 상품					
② 제품					
③ 반제품					
④ 재공품					
⑤ 원재료					
⑥ 저장품					
⑦ 기타의 재고자산 (겸업유동자산)					
2. 비유동자산					
(1) 투자자산					
① 장기금융상품					
② 매도가능증권					
③ 만기보유증권					
④ 장기대여금					
- 대손충당금					
⑤ 투자부동산					
⑥ 기타의 투자자산					
- 평가충당금					

(2) 유형자산					
① 토지					
② 건물					
- 감가상각누계액					
③ 구축물					
- 감가상각누계액					
④ 기계장치					
- 감가상각누계액					
⑤ 선박					
- 감가상각누계액					
⑥ 차량운반구					
- 감가상각누계액					
⑦ 건설중인자산					
⑧ 기타의 유형자산					
(3) 무형자산					
① 사용수익권					
② 산업재산권					
③ 개발비					
④ 기타의 무형자산					
3. 기타비유동자산					
① 임차보증금					
② 기타보증금					
③ 장기매출채권					
- 대손충당금					
④ 기타					
(겸업비유동자산)					
자산총계					
(겸업자산)					
1. 유동부채					
① 단기차입금					
② 매입채무					
③ 공사미지급금					
④ 공사선수금					
⑤ 미지급금					
⑥ 미지급비용					
⑦ 예수금					
⑧ 부가세예수금					
⑨ 미지급법인세					
⑩ 가수금					

⑪ 기타의 유동부채 (겸업유동부채) 2. 비유동부채 ① 장기차입금 ② 퇴직급여충당부채 ③ 하자보수충당부채 ④ 임대보증금 ⑤ 기타의 비유동부채 (겸업비유동부채)					
부채총계 (겸업부채)					
1. 자본금 ① 보통주자본금 ② 우선주자본금 2. 자본잉여금 ① 주식발행초과금 ② 감자차익 ③ 자기주식처분이익 ④ 기타 자본잉여금 3. 자본조정 ① 주식할인발행차금 ② 감자차손 ③ 자기주식처분손실 ④ 출자전환채무 ⑤ 자기주식 ⑥ 기타 자본조정 4. 기타포괄손익누계액 ① 매도가능증권평가이익 ② 유형자산재평가이익 ③ 기타 5. 차기이월이익잉여금 (또는 이월결손금) (겸업자본)					
자본총계					
부채와 자본총계					

겸업자산 및 겸업부채에 대한 계산 내역

(1)	겸업자산	=	겸업사업에 제공된 자산	+	겸업자산으로 열거한 자산	+	진단대상사업과 겸업사업에 공통으로 사용된 자산	×	겸업비율
	( )		( )		( )		( )		( )

(2)	겸업부채	=	겸업사업 및 겸업자산으로 열거한 자산과 관련하여 발생한 부채	+	진단대상사업과 겸업사업에 공통으로 발생한 부채	×	겸업비율
	( )		( )		( )		( )

(3) 겸업비율 계산기준 : , 겸업비율( )%

▪ 정보통신공사업 기업진단요강[시행 2018.3.13.]

제1장 총칙

제1조(목적) 이 요강은 「정보통신공사업법 시행령」 제16조 제4항의 규정에 의한 기업진단(이하 "진단"이라 한다)에 관하여 필요한 사항을 규정함을 목적으로 한다.

제2조(적용범위) ① 이 요강은 「정보통신공사업법 시행령」 제21조의 규정에 의한 정보통신공사업등록기준중 자본금의 평가에 한하여 적용한다.

② 진단은 다른 법령에 특별한 규정이 있거나 과학기술정보통신부장관의 특별한 지시가 있는 경우를 제외하고는 이 요강에서 정하는 바에 의한다. 다만, 이 요강에서 정하지 아니한 사항은 기업회계기준에 의한다.

제3조(진단자) 진단은 다음 각호의 자(이하 "진단자"라 한다)가 실시한다.

1. 「공인회계사법」 제7조의 규정에 의하여 금융위원회에 등록한 공인회계사 및 같은 법 제24조의 규정에 의하여 등록한 회계법인
2. 「중소기업진흥 및 제품구매촉진에 관한 법률」 제50조의 규정에 의하여 중소기업청장에게 등록한 경영지도사. 다만, 「중소기업기본법」에 의한 중소기업을 진단하는 경우에 한한다.
3. 「세무사법」 제6조에 따라 등록한 세무사 및 같은 법 제16조의 4에 따라 등록한 세무법인

제4조(진단기준일) 진단기준일은 등록신청의 경우에는 신청일 전일부터 역산하여 45일 이내의 기간을, 자본금의 변동의 경우에는 자본금 변동일(법인의 경우에는 변경등기일)을, 양도 및 합병의 경우에는 양도계약일 및 합병등기일을 기준으로 한다. 다만, 관할 시·도지사의 실태조사 등으로 기업진단을 실시하는 경우에는 관할 시·도지사가 지정하는 날을 진단기준일로 한다.

제5조(서류의 제출 등) ① 진단을 받는 자는 진단에 필요한 다음 서류를 진단자에게 제출하거나 제시하여야 한다.

1. 별지 제1호 서식에 의한 기업진단신청서
2. 기업회계기준에 의하여 작성한 진단기준일의 대차대조표, 손익계산서, 재무제표부속명세서와 회계장부 및 기타 진단에 필요한 서류

② 진단자는 필요시 장부 및 기타 자산을 인정하는 데 필요한 계약서·계산서·증명서·확인서·소유권증서 및 세무신고서등 제반증빙서류의 제출을 요구할 수 있다.

③ 제1항의 규정에 의하여 제출된 서류는 재작성 또는 정정 등을 이유로 반환을 요구하지 못한다. 다만, 제출된 서류에 오기 또는 오산과 같은 객관적으로 명백한 오류가 있을 때에는 진단자의 동의를 얻어 정정할 수 있다.

④ 제1항과 제3항의 규정에 의하여 제출되거나 정정된 서류에 대하여 추가서류를 제출하고자 할 때에는 진단자의 동의를 얻어야 한다.

제6조(진단방법 및 진단의견 등) ① 진단자는 진단을 받는 자가 제출 또는 제시하는 서류를 확인하여 성실하게 평가하여야 하며, 필요한 경우 실제 조사하여 확인하여야 한다.

② 진단자는 제1항의 규정에 의하여 확인한 사항에 대한 조서를 작성·비치하여야 한다.

③ 진단자는 진단을 받는 자가 제5조 제2항의 규정에 의한 장부 및 기타증빙서류를 제출하지 아니한 때에는 그 부분에 대하여는 부실자산으로 처리하여야 한다.

④ 진단자는 별지 제2호 서식의 진단의견란에 다음과 같이 기재한다.

1. 진단을 받는 자의 실질자본금이 「정보통신공사업법 시행령」 제21조의 규정에 의한 정보통신공사업등록기준의 자본금 이상인 경우에는 "적격"으로 기재한다.
2. 진단을 받는 자의 실질자본금이 「정보통신공사업법 시행령」 제21조의 규정

에 의한 정보통신공사업등록기준의 자본금에 미달된 경우에는 “부적격”으로 기재한다.

3. 제7조의 규정에 해당하여 진단하지 못한 경우에는 “진단불능”으로 기재한다.

⑤ 과학기술정보통신부장관, 시·도지사 및 법 제69조에 따른 위임·위탁자는 다음 각호의 어느 하나에 해당하면 소속 협회(한국공인회계사회, 한국경영기술지도사회, 한국세무사회)의 기업진단감리위원회에 진단보고서의 감리를 요청하여야 한다.

1. 기업진단보고서의 적정성을 판단하기 위해 제5조에 따른 진단서류 등을 제출하지 않는 경우
2. 진단보고서의 신뢰성이 의심되거나 진단의견에 영향을 줄 수 있는 진단오류가 예상되는 경우
3. 감사보고서상 감사의견이 의견거절이거나 부적정의견인 재무제표에 대한 진단보고서가 제출된 경우
4. 「주식회사의 외부감사에 관한 법률」에 따라 외부감사대상에 해당하나 외부감사를 받지 아니한 재무제표에 대한 진단보고서가 제출된 경우

제7조(진단불능) ① 진단자는 다음 각호의 1에 해당하는 경우에는 진단불능으로 처리하고, 진단을 받는 자 및 진단자가 소속된 협회에 통보한다.

1. 제출된 재무제표가 진단을 받는 자의 장부와 일치되지 아니하여 이를 허위라고 인정한 때
2. 진단을 받는 자가 제5조 제1항 및 제2항의 규정에 의한 서류의 제출이나 장부 기타 제반증빙서류 등의 제출을 거부·기피 또는 태만히 하여 진단을 할 수 없을 때

② 진단자는 진단을 받는 자에 대한 장부의 작성 및 재무제표 작성업무를 수행한 경우(수행하는 경우를 포함한다)에는 해당 회계연도에 대한 재무관리상태 진단을 행할 수 없으며 또한 다음 각호의 1에 해당하는 자에 대한 재무관리상태 진

단을 행할 수 없다.

1. 진단자 또는 진단자의 배우자가 임원이거나 이에 준하는 직위(재무에 관한 사무의 책임 있는 담당자를 포함한다)에 있거나, 과거 1년 이내에 이러한 직위에 있었던 자(회사를 포함한다. 이하 이 항에서 같다)
2. 현재 진단자 또는 진단자의 배우자가 사용인이거나 과거 1년 이내에 사용인이었던 자
3. 진단자 또는 진단자의 배우자가 주식 또는 출자지분을 소유하고 있는 자
4. 진단자 또는 진단자의 배우자와 채권 또는 채무관계에 있는 자. 이 경우 진단자를 규율하는 관련 법 등에서 세부적으로 정한 경우에는 해당 규정에 따른다.
5. 진단자에게 무상으로 또는 통상의 거래가격보다 현저히 낮은 대가로 사무실을 제공하고 있는 자
6. 진단자의 고유업무 외의 업무로 인하여 계속적인 보수를 지급하거나 그 밖에 경제상의 특별한 이익을 제공하고 있는 자
7. 진단을 수행하는 대가로 자기 회사의 주식·신주인수권부사채·전환사채 또는 주식매수선택권을 제공하였거나 제공하기로 한 자

제8조(용어의 정의) 제25조의 규정에 의한 실질자본금의 평가를 하는 데 필요한 용어의 정의는 다음과 같다.

1. “실질자산”이라 함은 제시된 총자산에서 부실자산을 공제한 자산을 말한다.
2. “비업무용자산”이라 함은 정보통신공사업에 직접적으로 제공되지 않은 임야·유휴토지·전답 또는 가옥 등을 말한다
3. “실질부채”라 함은 제시된 총부채에서 이 요강에 의한 평정조정금액을 가감한 부채를 말한다.
4. “겸업자산”이라 함은 정보통신공사업 이외의 사업에 제공된 자산을 말한다.
5. “겸업부채”라 함은 겸업자산과 관련되는 부채를 말한다.

제2장 자산 및 부채의 평가

제9조(자산 및 부채의 평가원칙) 자산 및 부채의 평가는 이 요강에서 정한 방법에 의한다.

제10조(부실자산) ① 다음 각호의 경우에는 이를 부실자산으로 처리하여야 한다. 다만, 이 고시에 따라 정보통신공사업의 실질자산으로 평가된 자산은 제외한다.

1. 자산의 과대평가로 인한 가공자산
2. 제시자산총계의 100분의 2를 초과하는 현금
3. 진단을 받는 자의 소유가 아닌 자산
4. 대손처리하여야 할 자산
5. 무형고정자산
6. 이연자산
7. 선급비용
8. 기업회계기준에 따라 비용으로 계상하여야 할 대상금액이 자산으로 계상된 금액
9. 제12조 내지 제14조, 제16조, 제21조의 규정에 의한 부실자산

② 제1항 단서의 규정에 따라 정보통신공사업과 관련하여 취득한 다음 각호의 경우는 이를 자산으로 처리한다.

1. 사용수익기부자산으로서 정액법에 따른 상각액을 차감하여 평가한 경우
2. 산업재산권으로서 취득원가에 정액법에 따른 상각액을 차감하여 평가한 경우

제11조(수익의 인식과 측정) 수익은 기업회계기준상의 손익계산서 작성기준 및 매출총손익계산방식에 따라 계산하여야 한다. 다만, 공사수익측정에 있어서는 세법의 규정에 따라 계산된 수익을 기업회계기준에 따라 계산된 수익으로 인정할 수 있다.

제12조(제예금의 평가) 제예금은 진단을 받는 자의 명의(법인인 경우에는 법인명의)로 된 계좌의 진단기준일 전일(신설법인이 법인설립등기일부터 20일 이내의 날을 진단기준일로 하여 진단하는 경우에는 진단하는 날 전일)부터 역산하여 20일 동안의 은행거래실적 평균잔액을 예금액으로 평가한다. 다만, 예금증서 또는 은행거래실적증명서를 제시하지 못하거나, 그 예금이 일시적으로 조달된 것으로써 출처가 불분명한 경우와 제예금중 진단기준일부터 진단 시까지 지출원인이 분명하지 않은 인출금액은 부실자산으로 본다.

제13조(매출채권 등의 평가) ① 외상매출금·미수금 또는 받을어음 등 채권은 거래처의 채무증명에 의하되 세금계산서를 확인하여야 하고, 「법인세법」에서 정한 대손충당금 설정한도액에 미달하는 경우에는 설정한도 미달액을 차감하여 평가한다.

② 매출채권 등에 있어서 발생일로부터 1년 이상 경과한 매출채권 등은 부실자산으로 평가한다. 다만, 그 채무자가 국가, 지방자치단체, 정부투자기관 또는 정부출자기관인 경우에는 그러하지 아니한다.

제14조(가지급금의 평가) 가지급금은 급여선급인 경우에만 당해 임직원의 1월급여액 범위 내에서 인정하고 이를 초과하는 금액에 대하여는 부실자산으로 평가한다.

제15조(대여금등의 평가) 대여금은 전액 겸업자산으로 평가한다. 다만, 종업원에 대한 주택자금과 우리사주조합에 대여한 것은 제외한다.

제16조(공사용 전도자금의 평가) 공사용 전도자금에 대하여는 당해 현장책임자등의 예금잔액증명분에 의하여 인정하고 예금잔액증명서로 확인할 수 없는 금액은 제10조 제2호의 규정에 의하여 부실자산으로 평가한다.

제17조(유가증권의 평가) ① 유가증권의 평가는 취득원가로 평가함을 원칙으로 한다. 다만, 증권거래소에 상장되어 있는 주식으로서 시가가 취득원가보다 금액이

낮은 것은 시가로 평가한다.

② 국채·공채·사채 및 기타의 채권으로서 취득가액과 액면가액이 다른 것은 그 차액을 상환기간에 걸쳐 매기 당해 진단을 받는 자가 채택하고 있는 방법으로 점차 가감한 가액으로 평가한다.

③ 정보통신공제조합에 대한 출자금(출자를 위하여 예치한 출자금액을 포함한다. 이하 같다)은 기준일 현재의 지분평가액(출자를 위하여 예치한 출자예정금액은 그 전액)을 정보통신공사업 실질자산으로 인정한다.

④ 잉여금의 자본전입에 의한 주식의 취득은 자산의 증가로 보지 아니한다.

⑤ 정보통신공사업과 관련이 없는 투자자산은 겸업자산으로 본다.

제18조(재고자산의 평가) ① 재고자산은 정보통신공사업을 위한 자산만을 인정하되, 구입증빙서류 및 재고자산수불장표를 대조·확인하여 평가한다.

② 재고자산이 자산총액의 100분의 10을 초과하는 경우에는 그 금액을 판매용 자산으로 간주하여 겸업자산으로 본다.

제19조(유형자산의 평가) ① 토지 및 건물은 취득가액으로 평가함을 원칙으로 한다. 다만, 「자산재평가법」에 따라 자산을 재평가한 경우에는 그 평가액으로 한다.

② 중기·공구·집기·차량 등은 사용 가능한 것에 한하여 회사소유임이 확인된 것만 평가한다.

제20조 〈삭제〉

제21조(선급법인세 등의 평가) 적정하게 계상된 선급제세와 제세결정기관이 환급통보한 세액은 자산으로 인정하되 그 외의 제세는 부실자산으로 평가한다.

제22조(부채의 평가) 부채의 발생사유를 충분히 검토하고 자산 및 자본과 비교·관련시켜 부외부채 유무를 면밀히 검토하여 총부채를 평가하여야 한다.

第23조(외화부채의 평가) 외화부채는 기준일 현재의 대고객전신 환매도율에 의한 환율로 평가한다.

第24조(감가상각 및 퇴직급여충당금의 계산) ① 감가상각 또는 퇴직급여충당금은 「법인세법」에 정한 바에 의하여 계상된 금액을 인정한다. 다만, 동 설정범위를 초과하여 충당한 경우에는 그 설정액을 그대로 인정한다.

② 진단기준일이 사업연도 중인 때에는 진단기준일로부터 소급하여 1년을 대상으로 제1항의 규정을 적용한다.

제3장 자본금의 평가

第25조(실질자본금의 평가) 실질자본금은 실질자산에서 비업무용 자산 및 실질부채를 공제한 것으로 한다. 다만, 겸업의 경우에는 겸업자본을 추가로 공제하며, 겸업자본이 겸업기준 자본금에 미달할 때에는 그 기준 자본금을 공제한다.

第26조(겸업자본의 평가) ① 겸업자본은 겸업자산에서 겸업부채를 차감한 금액으로 한다.

② 정보통신공사업과 정보통신공사업이외의 사업을 구분경리하는 자의 겸업자산과 겸업부채는 구분경리에 의한 정보통신공사업이외의 사업과 관련된 자산과 부채를 말한다.

③ 정보통신공사업과 정보통신공사업이외의 사업을 구분경리하지 않은 자의 겸업자산과 겸업부채는 자산총계와 부채총계에 겸업비율을 적용하여 계산한다. 다만, 겸업비율은 다음 각호 중 1을 선택하여 적용한다.

1. 정보통신공사업의 수입금액과 겸업사업의 수입금액 비율
2. 정보통신공사업의 고정자산과 겸업사업의 고정자산금액 비율
3. 정보통신공사업 이외의 사업이 다른 법령 등에 기준자본금이 정하여진 경

우에는 기준자본금의 비율

第27조(진단보고) ① 진단자는 진단보고를 별지 제2호 서식에 의하되, 소속 협회(한국공인회계사회, 한국경영기술지도사회, 한국세무사회)의 확인을 받아야 한다.

② 한국공인회계사회장, 한국경영기술지도사회장 및 한국세무사회장은 제1항의 규정에 의하여 확인하는 진단결과보고서가 이 고시에 의거 작성되고 평가되었는지를 검토하여야 하며, 진단내용이 이 고시에 위반하여 평가되었거나 허위로 작성한 사실이 있을 때에는 즉시 이를 반려시켜야 한다.

第28조(진단서류의 보존 등) 진단자는 진단서류 등을 5년 이상 보존하여야 하며, 과학기술정보통신부장관 또는 시·도지사의 요구가 있을 때에는 제출하여야 한다.

第29조(재검토 기한) 과학기술정보통신부장관은 「행정규제기본법」 및 「훈령·예규 등의 발령 및 관리에 관한 규정」에 따라 이 고시에 대하여 2016년 1월 1일 기준으로 매 3년이 되는 시점(매 3년째의 12월 31일까지를 말한다)마다 그 타당성을 검토하여 개선 등의 조치를 하여야 한다.

부칙 〈제2018-19호, 2018. 3. 13.〉

이 고시는 고시한 날부터 시행한다.

▪ 소방시설공사업 기업진단보고서

기업진단보고서

※ [ ]에는 해당되는 곳에 ∨표를 합니다.

진단구분	[ ] 신규등록 [ ] 양수 [ ] 합병 [ ] 기타( )		
상호(명칭)		대표자	
등록업종	소방시설공사업	전화번호	
영업소소재지			
자산총액(a)		부채총액(b)	
신청인제시 자본금액(a - b)			

진단결과 내역(진단기준일 : 년 월 일)

과목	금액		과목	금액		진단의견
유동자산			유동부채			
비유동자산			비유동부채			
자산총계(Ⅰ)			부채총계(Ⅱ)			
부실자산(Ⅳ)			자본금			
실질자산(Ⅴ) (Ⅰ - Ⅳ)			자본잉여금			
비업무용자산(Ⅵ)			이익잉여금·결손금			
실질자본(Ⅶ) (Ⅴ - Ⅵ - Ⅱ)			자본조정			
			기타포괄손익누계액			
			자본총계(Ⅲ)			
겸업자본(Ⅷ) (c - d)			겸업자산(c)			
			겸업부채(d)			
소방시설공사업 실질자본(Ⅶ - Ⅷ)						

소방시설공사업 기업진단 요령에 따라 신청인의 실질자본금을 위와 같이 진단하였음을 확인합니다.

년 월 일

(진단자) [ ] 공인회계사, [ ] 세무사, [ ] 전문경영진단기관

등록(인가)번호 : 제 호 (서명 또는 인)

상호(명칭) :

사무소소재지 :

(전화번호 : , 팩스번호 :)

본 기업진단보고서는 소방시설공사업 기업진단 요령에 따라 작성 · 평가되었음을 확인합니다.

(확인) 소속 협회장 :

(서명 또는 인)

사무소소재지 :

(전화번호 : , 팩스번호 :)

※ 첨부 : 기업진단 내역서 1부

시 · 도지사 귀하

기업진단 내역서

업체명 : (단위 : 원)

과목	회사제시금액	평정		평정 후 금액	평정내역
		자변	대변		
1. 유동자산					
(1) 당좌자산					
(2) 재고자산					
(겸업유동자산)					
2. 비유동자산					
(1) 투자자산					
(2) 유형자산					
(3) 무형자산					
(4) 기타비유동자산					
자산총계 (겸업자산)					
1. 유동부채					
2. 비유동부채					
(겸업비유동부채)					
부채총계 (겸업부채)					
1. 자본금					
2. 자본잉여금					
3. 자본조정					
4. 기타포괄손익누계액					
5. 이익잉여금 (또는 결손금)					
(겸업자본)					
자본총계					
부채와 자본총계					
※ 겸업자산 및 겸업부채의 산정내역					

※ 세부계정과목은 기업회계기준서의 유동성 배열순서에 따라 기재함

▪ 소방시설공사업 기업진단 요령[시행 2019.12.3.]

제1조(목적) 이 요령은 「소방시설공사업법 시행규칙」 제2조 제1항 제4호에 따른 소방시설공사업의 기업진단(이하 "진단"이라 한다)에 관하여 필요한 사항을 규정함을 목적으로 한다.

제2조(정의) 이 요령에서 사용하는 용어의 뜻은 다음과 같다.

1. "실질자산"이란 제시된 총자산에서 이 요령에 따라 평정조정금액 가감 및 부실자산을 공제한 자산을 말한다.
2. "비업무용자산"이란 소방시설공사업에 직접적으로 제공되지 않은 임야, 유휴 토지, 전답 또는 가옥 등을 말한다.
3. "실질부채"란 제시된 총부채에서 이 요령에 따라 평정조정금액을 가감한 부채를 말한다.
4. "겸업자산"이란 소방시설공사업 이외의 사업에 제공된 자산을 말한다.
5. "겸업부채"란 겸업자산과 관련되는 부채를 말한다.

제3조(적용범위) ① 이 요령은 「소방시설공사업법 시행령」(이하 "영"이라 한다) 제2조에 따른 소방시설공사업의 등록기준 중 자본금에 적용한다.

② 진단은 다른 법령에 특별한 규정이 있거나 소방청장의 특별한 지시가 있는 경우를 제외하고는 이 요령을 따른다. 다만, 이 요령에서 정하지 아니한 사항은 기업회계기준을 따른다.〈개정 2017.7.26.〉

제4조(진단자 및 진단기준일) ① 진단은 다음 각호의 어느 하나에 해당하는 자(이하 "진단자"라 한다)가 실시한다.

1. 「공인회계사법」 제7조에 따라 금융위원회에 등록한 공인회계사
2. 「세무사법」 제6조에 따라 기획재정부에 등록한 세무사
3. 「건설산업기본법」 제49조 제2항에 따른 전문경영진단기관

② 진단기준일은 다음 각호와 같다.

1. 신규등록 : 등록신청 전일부터 역산하여 90일 이내의 기간. 다만, 신설법인(법인설립등기일부터 소방시설공사업 등록신청 접수일까지 90일이 경과되지 아니하고 별도의 영업실적이 없는 법인을 말한다. 이하 같다)의 경우에는 설립등기일을 진단기준일로 한다.
2. 양도·양수 : 양도·양수 계약일(분할 또는 분할합병에 따른 양도·양수의 경우에는 그 등기일)
3. 법인합병 : 법인합병 등기일
4. 자본금 변경 : 자본금 변경일(법인인 경우에는 변경등기일)

제5조(서류의 제출 등) ① 진단을 받는 자는 진단에 필요한 다음 각호에 해당하는 서류를 진단자에게 제출하거나 제시하여야 한다.

1. 진단기준일의 재무상태표(진단자가 요구하는 기업회계기준에 따라 작성해야 한다. 이하 이 항에서 같다)
2. 진단기준일의 손익계산서
3. 재무제표 부속명세서
4. 회계장부 및 기타 서류

② 진단자는 필요시 장부 및 기타 자산을 인정하는 데 필요한 계약서, 계산서, 증명서, 확인서, 소유권증서 및 세무신고서 등 제반증빙서류의 제출을 요구할 수 있다.

③ 제1항에 따라 제출된 서류는 재작성 또는 정정 등을 이유로 반환을 요구할 수 없다. 다만, 제출된 서류에 오기 또는 오산과 같은 객관적으로 명백한 오류가 있을 때에는 진단자의 동의를 얻어 정정할 수 있다.

④ 제1항과 제3항에 따라 제출되거나 정정된 서류에 대하여 추가서류를 제출하고자 할 때에는 진단자의 동의를 얻어야 한다.

제6조(진단방법 및 진단의견 등) ① 진단자는 진단을 받는 자가 제출 또는 제시하는

서류를 검토하여 성실하게 평가하여야 하며, 필요한 경우 실제 조사하여 확인하여야 한다.

② 진단자는 제1항에 따라 확인한 사항에 대한 조서를 작성·비치하여야 한다.

③ 진단자는 진단을 받는 자가 제5조 제2항에 따른 장부 및 기타 증빙서류를 제출하지 아니한 경우에는 그 부분에 대하여는 부실자산으로 처리하여야 한다.

④ 진단자는 별지 제1호 서식의 진단의견란에 다음과 같이 기재한다.

1. 진단을 받는 자의 실질자본금이 영 제2조에 따른 소방시설공사업 등록기준의 자본금 이상인 경우에는 "적격"으로 기재한다.
2. 진단을 받는 자의 실질자본금이 영 제2조에 따른 소방시설공사업 등록기준의 자본금에 미달된 경우에는 "부적격"으로 기재한다.
3. 제7조에 해당하여 진단하지 못한 경우에는 "진단불능"으로 기재한다.

제7조(진단불능) ① 진단자는 다음 각호의 어느 하나에 해당하는 경우에는 진단불능으로 처리하여야 한다.

1. 제출된 재무제표가 진단을 받는 자의 장부와 일치되지 아니하여 이를 허위라고 인정한 경우
2. 진단을 받는 자가 제5조에 따른 자료의 제출과 제시를 거부하거나, 진단에 필요한 입증서류에 대한 보완요구를 거부·기피 또는 태만히 하여 진단을 할 수 없는 경우
3. 진단을 받는 자가 작성·제출한 서류에서 실질자본에 중대한 영향을 미치는 허위가 발견된 경우

② 진단자는 진단을 받는 자에 대한 장부의 작성 및 재무제표 작성업무를 수행한 경우(수행하는 경우를 포함한다)에는 해당 회계연도에 대한 진단을 행할 수 없으며 또한 다음 각호의 어느 하나에 해당하는 자에 대한 진단을 행할 수 없다.

1. 진단자 또는 진단자의 배우자가 임원이거나 이에 준하는 직위(재무에 관한 사무의 책임 있는 담당자를 포함한다)에 있거나, 과거 1년 이내에 이러한 직위에 있었던 자(회사를 포함한다. 이하 이 항에서 같다)

2. 현재 진단자 또는 진단자의 배우자가 사용인이거나 과거 1년 이내에 사용인이었던 자
3. 진단자 또는 진단자의 배우자가 주식 또는 출자지분을 소유하고 있는 자
4. 진단자 또는 진단자의 배우자와 채권 또는 채무관계에 있는 자. 이 경우 진단자를 규율하는 관련 법 등에서 세부적으로 정한 경우에는 해당 규정에 따른다.
5. 진단자에게 무상으로 또는 통상의 거래가격보다 현저히 낮은 대가로 사무실을 제공하고 있는 자
6. 진단자의 고유업무 외의 업무로 인하여 계속적인 보수를 지급하거나 그 밖에 경제상의 특별한 이익을 제공하고 있는 자
7. 진단을 수행하는 대가로 자기 회사의 주식·신주인수권부사채·전환사채 또는 주식매수선택권을 제공하였거나 제공하기로 한 자

제8조(부실자산) 다음 각호의 어느 하나에 해당하는 경우에는 이를 부실자산으로 처리하여야 한다.

1. 자산의 과대평가에 따른 가공자산
2. 제시자산총계의 100분의 2를 초과하는 현금
3. 진단을 받는 자의 소유가 아닌 자산
4. 대손처리하여야 할 자산
5. 비유동 무형자산(사용수익기부자산은 제외한다)
6. 선급비용
7. 기업회계기준에 따라 비용으로 계상하여야 할 대상금액이 자산으로 계상된 금액
8. 부도어음. 단, 담보가 설정되어 있는 경우 회수 가능한 금액은 제외한다.
9. 제10조 제1항부터 제3항까지, 제5항 및 제10항에 따른 부실자산
10. 신설 법인이 법인설립 등기일부터 20일 이내의 날을 진단하는 날로 하여 제시한 제예금

제9조(수익의 인식과 측정) 수익은 기업회계기준상의 손익계산서 작성기준 및 매출총이익계산방식에 따라 계산하여야 한다. 다만, 공사수익 측정에 있어서는 세법의 규정에 따라 계산된 수익을 기업회계기준에 따라 계산된 수익으로 인정할 수 있다.

제10조(자산의 평가 등) ① 제예금은 진단을 받는 자의 명의(법인인 경우 법인 명의)로 된 계좌에 대하여 진단기준일 전일부터 역산하여 20일 동안(신설법인은 법인명의의 통장개설일부터 진단일 전일까지)의 은행거래 실적평균잔액을 예금액으로 평가한다. 다만, 예금증서 또는 은행거래실적증명서를 제시하지 못하거나 그 예금이 일시적으로 조달된 것으로써 출처가 불분명한 경우와 제예금 중 진단기준일부터 진단 시까지 지출 원인이 분명하지 않은 인출 금액은 부실자산으로 평가한다.

② 매출채권 등의 평가는 다음 각호에 따라 평가한다.

1. 장·단기 매출채권 및 장단기 미수금 등의 채권은 거래처의 채무증명에 따른다. 이 경우 세금계산서를 확인하여야 하며 법인세법에서 정한 대손충당금 설정한도액에 미달하는 경우에는 설정한도 미달액을 차감하여 평가한다.
2. 매출채권 등에 있어서 발생일로부터 1년 이상 경과한 매출채권 등은 부실자산으로 평가한다. 다만, 그 채무자가 국가, 지방자치단체, 「공공기관의 운영에 관한 법률」 제4조에 따라 공공기관으로 지정된 기관인 경우에는 그러하지 아니한다.

③ 가지급금은 급여선급인 경우에만 당해 임직원의 1개월 급여액 범위 내에서 인정하고 이를 초과하는 금액에 대하여는 부실자산으로 평가한다.

④ 장·단기대여금은 전액 겸업자산으로 평가한다. 다만, 종업원에 대한 주택자금과 우리사주조합에 대여한 것은 제외한다.

⑤ 공사용 전도자금에 대하여는 해당 현장책임자 등의 예금잔액증명분에 따라 인정하고 예금잔액증명서로 확인할 수 없는 금액은 제8조 제2호에 따른 부실자산으로 평가한다.

⑥ 유가증권은 다음 각호에 따라 평가한다.

1. 유가증권의 평가는 취득원가로 평가함을 원칙으로 한다. 다만, 증권거래소에 상장되어 있는 주식으로서 시가가 취득원가보다 금액이 낮은 것은 시가로 평가한다.
2. 국채, 공채, 사채 및 기타의 채권으로서 취득가액과 액면가액이 다른 것은 그 차액을 상환기간에 걸쳐 매 회기 진단을 받는 자가 채택하고 있는 방법으로 재차 가감한 가액으로 평가한다.
3. 소방산업공제조합과 소방청장이 지정하는 금융회사에 대한 출자금(출자를 위하여 예치한 출자금액을 포함한다)은 기준일 현재의 지분평가액(출자를 위하여 예치한 출자예정금액은 그 전액)을 소방시설공사업의 실질자산으로 인정한다. 다만, 출자금이 압류되어 있는 경우에는 그 압류금액을, 출자금을 담보로 대부를 받은 경우에는 그 대부금액을 차감하여 평가한다.
4. 잉여금의 자본전입에 따른 주식의 취득은 자산의 증가로 보지 아니한다.
5. 소방시설공사업과 관련이 없는 투자자산은 겸업자산으로 본다.

⑦ 재고자산은 다음 각호에 따라 평가한다.

1. 재고자산은 소방시설공사업을 위한 자산만을 인정한다. 이 경우 구입증빙서류 및 재고자산수불장표를 대조·확인하여 평가한다.
2. 재고자산이 자산총액의 100분의 10을 초과하는 경우에는 그 금액을 판매용자산으로 간주하여 겸업자산으로 본다.

⑧ 토지 및 건물은 취득가액으로 평가함을 원칙으로 한다. 다만, 자산재평가법에 따라 자산을 재평가한 경우에는 그 평가액으로 한다.

⑨ 중기계, 공구, 집기, 차량 등은 사용 가능한 것에 한정하여 회사소유임이 확인된 것만 평가한다.

⑩ 적정하게 계상된 선급제세와 제세결정기관이 환급 통보한 세액은 자산으로 인정한다. 이 경우 그 외의 제세는 부실자산으로 평가한다.

⑪ 무형자산은 당해자산의 취득을 위하여 소요된 가액에서 감가상각 상당액을 차감한 금액으로 평가한다.

⑫ 보증금은 다음 각호와 같이 평가한다.

1. 임차보증금은 임대차계약서 및 임대인이 발행한 영수증 등 증빙에 따라 확인한다. 이 경우 그 금액이 시가보다 현저히 과다할 경우에는 진단 시의 시가에 따라 이를 평가한다.
2. 계약보증금과 하자보수보증금은 그 보증기간이 만료되지 아니한 것에 한정하여 자산으로 인정한다.
3. 차액보증금과 하자보수보증금은 그 보증기간이 만료되지 아니하였거나 공사 완공 후에 공사의 불이행이나 하자의 사유가 없이 보관기관이 보관하고 있음을 증명한 경우에는 자산으로 인정한다.
4. 영업보증금은 보증기간이 만료되지 아니한 것과 보증기간 만료 후라도 보증기관이 보관하고 있음을 증명한 경우에 한정하여 인정한다.

제11조(부채의 평가 등) ① 부채의 발생사유를 충분히 검토하고 자산 및 자본과 비교·관련시켜 부외부채의 유무를 면밀히 검토하여 총부채를 평가하여야 한다.

② 외화부채는 기준일 현재의 대고객전신환매도율에 따른 환율로 평가한다.

③ 감가상각 및 퇴직급여충당금의 계산은 다음 각호에 따른다.

1. 감가상각 또는 퇴직급여충당금은 법인세법에 따라 계상된 금액을 인정한다. 다만, 설정범위를 초과하여 충당한 경우에는 그 설정액을 그대로 인정한다.
2. 진단기준일이 사업전년도 중인 때에는 진단기준일로부터 소급하여 1년을 대상으로 제1항을 적용한다.

제12조(실질자본금의 평가 등) ① 실질자본금은 실질자산에서 비업무용 자산 및 실질부채를 공제한 것으로 한다. 다만, 겸업의 경우에는 겸업자본을 추가로 공제하며, 겸업자본이 겸업기준 자본금에 미달할 경우에는 그 기준 자본금을 공제한다.

② 겸업자본의 평가는 다음 각호에 따른다.

1. 겸업자본은 겸업자산에서 겸업부채를 차감한 금액으로 한다.
2. 소방시설공사업과 소방시설공사업 이외의 사업을 구분 계리하는 자의 겸업자산과 겸업부채는 구분계리에 따른 소방시설공사업 이외의 사업과 관련된

자산과 부채를 말한다.

3. 소방시설공사업과 소방시설공사업 이외의 사업을 구분 계리하지 않은 자의 겸업자산과 겸업부채는 자산총계와 부채총계에 겸업비율을 적용하여 계산한다. 다만, 겸업비율은 다음 각 목의 어느 하나를 선택하여 적용한다.

가. 소방시설공사업의 수입금액과 겸업사업의 수입금액 비율

나. 소방시설공사업의 유형자산과 겸업사업의 유형자산 금액 비율

다. 소방시설공사업 이외의 사업이 다른 법령 등에 기준자본금이 정하여진 경우에는 기준자본금의 비율

제13조(진단보고) 진단자는 진단보고를 별지 제1호 서식에 따라 작성하여 소속된 협회의 확인을 받아야 한다.

제14조(진단서류의 보존 등) ① 진단자는 진단서류 등을 소방청장이나 시·도지사 또는 「소방시설공사업법」 제33조에 따라 위임·위탁받은 자의 요구가 있을 경우에는 제출하여야 한다.

② 제1항에 따라 진단서류 등을 제출받은 자는 진단자에 대하여 진단내용을 소명하게 하거나, 제13조 제1항의 소속협회 기업진단감리위원회에 감리를 요청할 수 있다.

제15조(재검토 기한) 소방청장은 이 고시에 대하여 「훈령·예규 등의 발령 및 관리에 관한 규정」에 따라 2019년 1월 1일 기준으로 매 3년이 되는 시점(매 3년째의 12월 31일까지를 말한다)마다 그 타당성을 검토하여 개선 등의 조치를 하여야 한다.

부칙 〈제2019-53호, 2019.12.3.〉

이 고시는 발령한 날부터 시행한다.

▪ 의약품도매상 기업진단보고서

(1쪽)

의약품도매상 기업진단보고서

성명		생년월일	
영업소의 명칭		전화번호	
영업종별		법인등록번호(법인인 경우만 해당)	
영업소의 소재지			
창고의 소재지			

진단기준일		진단일자	

진단 후 의약품도매업 실질 자본액	
납입자본금	

종목	건평 및 대수	
	회사제시	진단 후
영업소		
창고		
운반장비		

진단의견	

의약품도매상 기업진단요령에 의거 의약품도매업의 기업진단을 실시하고 위와 같이 진단하였음을 확인합니다.

년 월 일

*진단자

■ 진단자 상호·명칭(대표자) :

■ 사무소 소재지(전화번호) :

■ 담당공인회계사(경영지도사, 세무사) : 등록(인가)번호 제 호 (인)

■ (진단자)법인등록번호 :

■ (진단자)사업자등록번호 :

※ 전문경영진단기관의 경우 고용된 공인회계사·세무사·경영지도사 모두 기재·날인한다.

(제출기관) **귀하**

첨부	1. 기업진단 내역서 1부.

기업진단 내역서

업체명 :

1. 회계부문 진단내역			
구분	금액		비고
1. 자산			
(1) 회사제시자산총계			
(2) 평정			
자산증가			
자산감소			
(3) 평정후자산총계			
2. 부채			
(1) 회사제시부채총계			
(2) 평정			
부채증가			
부채감소			
(3) 평정후부채총계			
3. 평정후자본			
4. 겸업자본			
5. 의약품도매업자본			

2. 경영부문 진단내역				
구 분	건평 및 대수		소유자	적요
	회사제시	진단 후		
영 업 소				
창 고				
운 반 장 비				

경영부문 진단조서

(　　년　월　일 현재)

회사명	

1. 토지건물

소유지	지번	지목용도	구조	면적		소유자	비고
				회사제시	진단 후		

2. 운반장비

소재지	지번	용도	규격·형성·용량	대수		소유자
				회사제시	진단 후	

▪ 의약품도매상 기업진단 요령[시행 2019.12.18.]

제1장 총칙

제1조(목적) 이 요령은 약사법시행규칙 제36조 제1항의 규정에 의한 의약품도매상(신설업체를 포함한다)의 기업진단에 관하여 필요한 사항을 규정함을 목적으로 한다.

제2조(진단의 기준 및 구분) 제1조의 기업진단(이하 "진단"이라 한다)은 약사법시행규칙 제36조 내지 제38조와 제59조의 규정에 의한 허가요건을 기준으로 하여 회계 및 경영의 2개 부문으로 구분 실시하고 그 종합된 결과에 따라 업체의 실태를 평정한다.

제3조(적용범위) 진단에 관하여 다른 법령에 특별한 규정이 있는 경우를 제외하고는 이 요령에서 정하는 바에 따른다.

제4조(진단자) ① 이 요령에 의하여 진단을 실시하는 진단자는 다음 각호의 어느 하나에 해당하는 자로 한다.

1. 「공인회계사법」에 따라 등록한 공인회계사 또는 회계법인
2. 「세무사법」에 따라 등록한 세무사 또는 세무법인
3. 「중소기업진흥에 관한 법률」에 따라 등록한 재무관리 경영지도사

② 보건복지부장관 또는 시장·군수·구청장은 진단을 위해 특히 필요하다고 인정하는 경우에는 제1항의 진단자, 기업의 회계 및 경영에 관한 연구단체 또는 전문적 지식을 가진 자 중에서 보건복지부장관 또는 시장·군수·구청장이 위촉한 자에게 제2조의 규정에 의한 진단의 전부문 또는 일부문을 실시하게 할 수 있다. 이 경우 진단을 실시하고자 하는 시장·군수·구청장은 보건복지부장관의 승인을 얻어야 한다.

제5조(진단기준일) 진단기준일은 다음 각호와 같다. 다만, 보건복지부장관이 진단기준일을 지정하는 경우에는 예외로 한다.

1. 신규등록 : 허가신청 전일부터 역산하여 30일 이내의 기간
2. 양도·양수 : 양도·양수계약서 상의 양도·양수일(분할 또는 분할합병에 의한 양도·양수의 경우에는 그 등기일)
3. 법인합병 : 법인합병 등기일
4. 자본금 변경 : 자본금 변경일(법인인 경우에는 변경등기일)

제6조(서류의 제출 등) ① 진단을 받는 자는 진단자에게 다음 각호의 서류를 작성하여 제출 또는 제시하여야 한다.

1. 진단기준일의 재무상태표(진단자가 요구하는 기업회계기준에 의하여 작성해야 한다. 이하 이 항에 같다)
2. 진단기준일의 손익계산서
3. 재무제표부속명세서
4. 회계장부 및 기타서류

② 진단을 받는 자는 재작성 또는 정정 등을 이유로 제1항의 규정에 의하여 제출된 서류에 대한 반려를 요청할 수 없다. 다만, 이미 제출된 서류에 오기 또는 오산과 같은 명백한 오류가 있는 경우에는 진단자의 입회하에 정정할 수 있다.

③ 제1항과 제2항의 규정에 의하여 제출되었거나 정정된 서류에 대하여 추가서류를 제출하고자 할 때에는 진단자의 승인을 얻어야 한다.

제7조(진단자의 지정신청) ① 진단을 받고자 하는 자는 별지 제1호 서식의 기업진단자 지정신청서에 다음 각호의 서류를 첨부하여 제4조에 의한 진단자에게 진단자 지정신청을 하여야 한다.

1. 별지 제2호 서식에 의한 재무상태표
2. 별지 제4호 서식에 의한 손익계산서

② 진단자 지정신청을 받은 진단자는 신청서류에 제1항 각호의 서류가 첨부되어

있지 아니하거나 흠이 있다고 인정할 때에는 신청자에게 이를 보완하게 할 수 있다.

제8조(진단불능) ① 진단을 받는 자가 정당한 사유로 진단을 받을 수 없을 때에는 진단실시 5일 전까지 보건복지부장관 또는 시장·군수·구청장에게 그 사유를 서면으로 제출하여 승인을 얻어야 한다. 다만 의약품도매상 허가증의 갱신 또는 제4조 제2항의 특별한 사유에 의하여 진단을 하는 경우에 한한다.

② 진단자는 다음 각호의 어느 하나에 해당하는 경우 진단결과를 진단불능으로 처리하고 그 사실을 보건복지부장관 또는 해당 시장·군수·구청장에게 보고하여야 한다. 이 경우 보건복지부장관 또는 시장·군수·구청장은 정당한 사유 없이 진단에 불응하거나 진단불능이 된 업체에 대하여는 약사법 제76조 제1항의 규정에 따라 필요한 조치를 하게 하거나 할 수 있다.

1. 진단을 받는 자가 제6조 제1항의 규정에 의한 자료의 제출과 제시를 거부하거나, 진단에 필요한 입증서류에 대한 보완요구를 거부·기피 또는 태만히 하여 진단을 할 수 없는 경우
2. 진단을 받는 자가 작성 제출한 서류에서 실질자본에 중대한 영향을 미치는 허위가 발견된 경우

③ 진단자는 진단을 받는 자에 대한 장부의 작성 및 재무제표 작성업무를 수행한 경우(수행하는 경우를 포함한다)에는 해당 회계연도에 대한 기업진단을 행할 수 없으며 또한 각호의 어느 하나에 해당하는 자에 대한 기업진단을 행할 수 없다.

1. 진단자 또는 진단자의 배우자가 임원이거나 이에 준하는 직위(재무에 관한 사무의 책임 있는 담당자를 포함한다)에 있거나, 과거 1년 이내에 이러한 직위에 있었던 자(회사를 포함한다. 이하 이 항에서 같다.)
2. 현재 진단자 또는 진단자의 배우자가 사용인이거나 과거 1년 이내에 사용인이었던 자
3. 진단자 또는 진단자의 배우자가 주식 또는 출자지분을 소유하고 있는 자
4. 진단자 또는 진단자의 배우자와 채권 또는 채무관계에 있는 자. 이 경우 진

단자를 규율하는 관련 법 등에서 세부적으로 정한 경우에는 해당 규정에 따른다.

5. 진단자에게 무상으로 또는 통상의 거래가격보다 현저히 낮은 대가로 사무실을 제공하고 있는 자
6. 진단자의 고유업무 외의 업무로 인하여 계속적인 보수를 지급하거나 그 밖에 경제상의 특별한 이익을 제공하고 있는 자
7. 진단을 수행하는 대가로 자기 회사의 주식·신주인수권부사채·전환사채 또는 주식매수선택권을 제공하였거나 제공하기로 한 자

④ 보건복지부장관 또는 시장·군수·구청장은 정당한 사유로 진단을 받을 수 없는 업체에 대하여는 별도로 진단일자를 지정하여 진단을 받게 할 수 있다.

제9조(진단방법 및 진단의견 등) ① 진단자는 진단을 받는 자가 제출 또는 제시하는 서류를 검토하여 성실하게 평가하여야 하며, 필요한 경우 실제 조사하여 확인하여야 한다.

② 진단자는 제1항의 규정에 의하여 확인한 사항에 대한 조서를 작성·비치하여야 한다.

③ 진단자는 진단을 받는 자가 제6조 제1항의 규정에 의한 장부 및 기타 증빙서류를 제출하지 아니한 때에는 그 부분에 대하여는 부실자산으로 처리하여야 한다.

④ 진단자는 제7조 제1항의 규정에 의거 지정신청을 받은 날로부터 3주 이내에 진단을 완료하고 그 결과를 별지 제4호 내지 제6호 서식에 따라 작성하여 진단을 받는 자에게 통보하여야 한다. 다만, 부득이한 사유로 인하여 동 기간 내에 진단 완료가 불가능할 때에는 진단기간을 1주간 연장할 수 있다.

⑤ 진단자는 별지 제4호 서식의 진단의견란에 다음과 같이 기재한다.

1. 진단을 받는 자의 실질자본금이 「약사법 시행규칙」 제38조의 규정에 의한 의약품도매상의 자본금 이상인 경우에는 "적격"으로 기재한다.
2. 진단을 받는 자의 실질자본금이 「약사법 시행규칙」 제38조의 규정에 의한 의약품도매상의 자본금에 미달된 경우에는 "부적격"으로 기재한다.

3. 제8조에 해당하여 진단하지 못한 경우에는 "진단불능"으로 기재한다.

⑥ 진단자는 진단조서와 관련 증빙서류를 5년간 보존하여야 한다.

⑦ 보건복지부장관은 필요한 경우 해당 소속협회의 장에게 기업진단보고서의 감리를 요청할 수 있다.

제10조(진단서의 제출) 진단을 받는 자는 진단일로부터 1월 이내에 제9조 제4항에 의해 통보 받은 진단결과를 허가관청에 제출하여야 한다.

제11조(세부사항) 진단을 실시함에 있어서 필요한 세부적 사항과 기타 기준으로서 이 요령에 규정되지 아니한 것은 보건복지부장관이 정한다.

제2장 회계부문

제12조(자본의 평정) 진단을 받는 자의 자본은 평정 후 자산에서 평정 후 부채를 공제하여 평정 후 자본을 산출하고 그 금액에서 겸업자본을 공제한 금액으로 한다.

제13조(겸업자본의 평정) ① 겸업자본은 겸업자산에서 겸업부채를 공제한 금액으로 한다.

② 겸업자본을 산출함에 있어서 겸업자산과 겸업부채를 산출하기 어려운 경우에는 겸업비율을 계산하여 산출할 수 있다.

③ 겸업비율은 의약품도매상 수입금액과 의약품도매상 이외의 수입금액의 비율을 기준으로 한다. 다만, 수입금액비율에 의한 산출이 불가능하거나 심히 불공정하다고 인정되는 경우에는 의약품도매업용 비유동자산과 의약품도매업용 이외의 비유동자산의 비율에 따라 산출할 수 있다.

④ 의약품도매업과 겸업사업에 공통으로 관련된 자산과 부채의 경우는 겸업비율을 적용하여 산출한다.

第14조(용어의 정의) 第12조의 규정에 의한 자본의 평정에 있어서 필요한 용어의 정의는 다음 각호와 같다.

1. "평정 후 자산"이라 함은 기업제시 자산총계에서 부실자산을 차감하고 과소평가된 자산금액을 가산한 금액을 말한다.
2. "평정 후 부채"라 함은 기업제시 부채 총계에서 과소평가된 부채금액을 가산하고 과대평가된 부채금액을 공제한 금액을 말한다.
3. "부실자산"이라 함은 다음 각목의 것을 말한다.
   가. 자산총계의 100분의 3을 초과하는 현금(전도자금 포함)
   나. 자산의 과대평가로 인한 가공자산
   다. 진단을 받는 자의 소유가 아닌 자산
   라. 대손처리하여야 할 자산
   마. 선급비용 및 선급세금. 다만, 제세결정기관의 환급통지 있는 세액은 자산으로 인정한다.
   바. 부도어음(담보권 있는 부도어음은 제외한다)
   사. 무형자산
   아. 이연자산
   자. 기업회계기준에 따라 비용으로 계상하여야 할 대상금액이 자산에 계상된 금액
   차. 제15조 제2항, 제16조 제1항, 제17조 제2항, 제18조, 제19조 제1항, 제22조 제2항의 규정에 의한 부실자산
4. "겸업자산"이라 함은 의약품도매업 이외의 영업에 제공된 자산을 말한다.
5. "겸업부채"라 함은 겸업자산과 관련되는 부채를 말한다.

第15조(자산 및 부채의 평정기준) ① 자산 및 부채의 평정은 이 요령에 정하지 아니한 경우에는 일반적으로 인정하는 기업회계기준에 의한다.

② 자산의 가액은 당해 자산의 취득원가를 기초로 하여 평정함을 원칙으로 한다. 다만, 자산재평가법의 규정에 의하여 자산을 재평가할 경우에는 그 평가액을

기초로 하여 평정하고, 선급금, 영업보증금 등의 가액을 거래당사자의 인감증명이 첨부된 증명서에 의하여 평정하되, 신규신청자에 한해서는 전도금, 선급금, 영업보증금등의 가액은 부실자산으로 본다.

第16조(예금의 평정) ① 예금은 진단을 받는 자의 명의(법인의 경우에는 법인명의)로 된 계좌에 대하여 진단기준일 전일부터 역산(신규 신청 및 신설법인의 경우에는 진단하는 날 전일부터 역산)하여 1개월 이상의 은행거래증명과 예금증서를 제시받아 예입원천을 확인하여 평정하고 예입원천이 분명하지 아니할 때에는 부실자산으로 본다.

② 제1항에 규정한 예금잔액 증명은 입금되어 있는 예금통장 등의 원본과 대조 확인하여야 한다.

第17조(채권의 평정) ① 매출채권 또는 미수금 등 채권은 거래처의 채무증명과 세금계산서를 확인하여야 하고 세법에서 정한 대손충당금을 차감하여 평정한다. 다만, 신규신청자의 매출채권 또는 미수금은 인정하지 아니한다.

② 6월 이상 연체된 채권은 부실자산으로 평정한다. 다만, 채무자가 국가 또는 지방자치단체인 경우에는 1년으로 한다.

第18조(임차보증금의 평정) 임차보증금은 임대차계약서에 의하여 확인하되, 그 금액이 시가보다 현저히 과다할 경우에는 진단 시의 시가에 의하여 이를 평가한다. 다만, 그 임차보증금이 자산총액의 100분의 50을 초과하는 금액은 부실자산으로 본다.

第19조(가지급금 등의 평정) ① 가지급금은 급여선급인 경우에만 당해 임·직원의 1월 급여액 범위 안에서 인정하고 이를 초과하는 금액에 대하여는 부실자산으로 평정한다.

② 가지급금의 성질이 아닌 대여금은 전액 겸업자산으로 평정한다.

제20조(전도자금의 평정) 의약품도매업과 관련 있는 전도자금에 대하여는 당해 전도자자금출납책임자의 예금잔액증명 있는 금액은 자산으로 인정하고 예금잔액증명서로 확인할 수 없는 금액은 현금보유한 것으로 간주하여 현금평가기준에 의하여 평정한다.

제21조(유가증권의 평정) ① 유가증권의 평정은 취득원가로 평정함을 원칙으로 한다.

② 증권거래소에 상장되어 있는 주식과 시장성 있는 일시 소유의 유가증권으로서 그 시가가 현저하게 저락하여 회복할 가능성이 없다고 인정되는 경우에는 시가로 평정한다.

③ 상장되지 아니한 주식은 투자자산으로 간주하여 겸업자산으로 본다.

④ 유가증권총액이 자산총액의 100분의 20을 초과하는 금액은 겸업자산으로 본다.

제22조(재고자산의 평정) ① 재고자산은 의약품도매용 자산만을 인정하되 구입증빙서 및 재고자산수불장표를 대조 확인하여 평정한다. 다만, 시가가 취득원가보다 현저하게 저락하여 회복할 가능성이 없다고 인정되는 경우에는 시가로 평정한다.

② 신규신청자에 한해서는 재고자산을 부실자산으로 본다.

제23조(유형자산의 평정) ① 유형자산은 취득원가로 평정하고 상각대상 자산은 세법의 규정에 의한 감각상각 상당액을 공제한 가액으로 평정한다.

② 개인이 의약품도매상을 영위하는 경우 당해 자산의 취득가액이 불분명할 경우에는 부동산과세표준 또는 국가가 인정하는 감정기관의 감정가액으로 평정한다.

③ 임야, 전, 답, 유휴토지 등의 임대나 운휴와 같이 진단대상사업과 관련이 없는 유형자산은 겸업자산으로 보며, 토지 또는 건물의 일부가 임대인 경우에는 전체 연면적에 대한 임대면적의 비율로 계산한 금액을 겸업자산으로 본다.

제24조(비품, 차량, 운반구 등의 평정) 이용 가능한 것에 한하고 의약품도매상 소유임이 확인된 것만 평정하되 세법에 의하여 감가상각한 후의 잔액만 자산으로 평정한다.

제25조(투자자산의 평정) 의약품도매업과 관련이 없는 투자자산은 겸업자산으로 본다.

제26조(부채의 평정) ① 부채의 발생사유를 충분히 검토하고 자산 및 자본과 비교 관련시켜 부채를 평정하여야 한다.

② 퇴직급여충당금은 기업회계기준에 따라 평가한다.

제27조(자본의 확인) 자본의 조달원천과 증감원인을 충분히 검토하여 의제납입 또는 부채의 변칙처리를 확인하여야 한다.

제3장 경영부문

제28조(영업소 및 창고 등) 영업소 및 창고에 대하여는 토지 및 건물의 등기부등록, 토지대장, 건출물관리대장 및 도시계획확인원을 제출받아 소유지·지목·용도·구조·면적 및 소유권자 등을 확인하여 평정한다.

제29조(전화) 〈삭제〉

제30조(운반장비) 법령에 의하여 등록하여야 하는 차량운반구에 대하여는 등록증등본을 제시받아 소유권 등을 확인하여 평정한다.

제31조(재검토기한) 보건복지부장관은 「훈령·예규 등의 발령 및 관리에 관한 규정」(대통령훈령 제334호)에 따라 이 고시에 대하여 2016년 1월 1일을 기준으로 매 3년

이 되는 시점(매 3년째의 12월 31일까지를 말한다)마다 그 타당성을 검토하여 개선 등의 조치를 취하여야 한다.

부칙〈제2019-272호, 2019. 12. 18.〉

이 고시는 발령한 날부터 시행한다.